DU PROJET

D'UN

CHEMIN DE FER

DE

STRASBOURG A MULHOUSE ET A BALE,

PAR

M. CHARLES BŒRSCH.

SUIVI

DU PROCÈS-VERBAL DE LA COMMISSION D'ENQUÊTE DU DÉPARTEMENT DU BAS-RHIN.

STRASBOURG,

IMPRIMÉ CHEZ G. SILBERMANN, PLACE SAINT-THOMAS, 3.

1838.

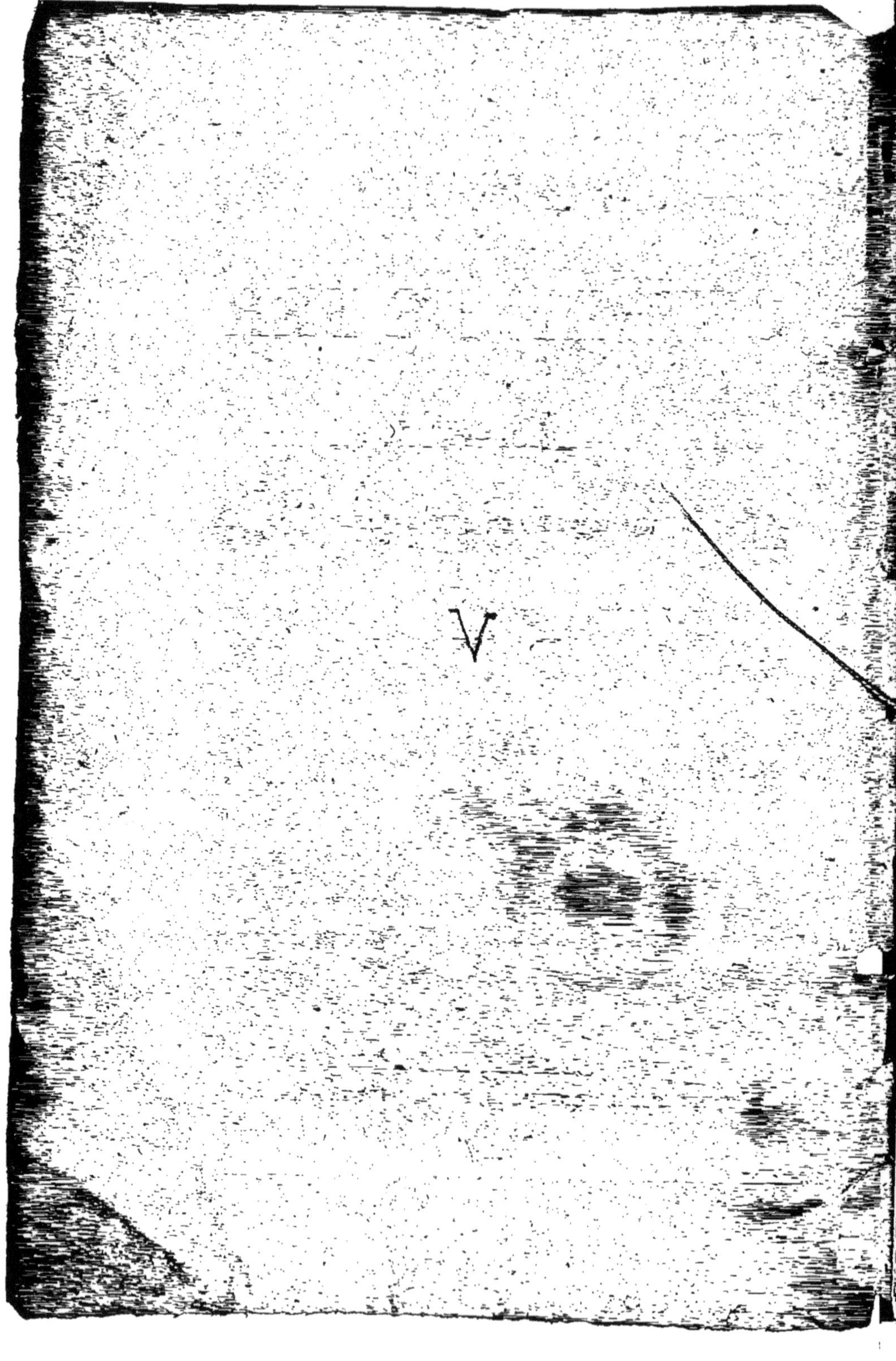

DU PROJET
D'UN CHEMIN DE FER

DE

DE STRASBOURG A MULHOUSE ET A BALE.

DU PROJET

D'UN

CHEMIN DE FER

DE

STRASBOURG A MULHOUSE ET A BALE,

PAR

M. CHARLES BOERSCH.

SUIVI

DU PROCÈS-VERBAL DE LA COMMISSION D'ENQUÊTE DU DÉPARTEMENT

DU BAS-RHIN.

STRASBOURG,

IMPRIMERIE DE GUSTAVE SILBERMANN,

PLACE SAINT-THOMAS, 3.

1838.

[illegible]

[illegible]

[illegible]

[illegible]

[illegible]

ARRÊTÉ

PORTANT

NOMINATION DE LA COMMISSION D'ENQUÊTE.

———✦———

Du 13 novembre 1837.

Nous Préfet du département du Bas-Rhin,

Vu la lettre de M. le conseiller d'État, directeur général des ponts et chaussées et des mines, à la date du 3 novembre courant, par laquelle il nous a invité à faire remplir les formalités d'enquêtes publiques prescrites par l'art. 3 de la loi du 7 juillet 1833, sur le projet de chemin de fer de Strasbourg à Mulhouse et à Bâle, en ce qui concerne la partie comprise dans le département du Bas-Rhin et dont la concession est demandée par MM. Nicolas Kœchlin et Comp.;

Vu les plans indiquant le tracé général de la ligne des travaux, le nivellement en longueur et les profils transversaux;

Vu l'avant-projet, faisant connaître le tracé général de la ligne des travaux, les dispositions principales des ouvrages les plus importants et l'appréciation sommaire des dépenses;

Vu le mémoire descriptif, indiquant le but de l'entreprise et les avantages qu'on peut s'en promettre, ainsi que le tarif de droits, dont le produit est destiné à couvrir les frais des travaux projetés;

Vu la loi du 7 juillet 1833;

Avons arrêté ce qui suit :

Article premier. Il sera ouvert à la préfecture du Bas-Rhin (bureau du secrétariat général) pendant un mois, à partir du lundi 20 du courant, un registre destiné à recevoir les observations auxquelles pourra donner lieu le projet de chemin de fer de Strasbourg à Mulhouse et à Bâle.

Un registre semblable sera ouvert à la sous-préfecture de l'arrondissement de Sélestat, que le chemin doit traverser.

Art. 2. La durée de l'ouverture des registres d'enquête, ainsi que l'objet de celle-ci, seront annoncés par des affiches et par insertion dans les feuilles publiques du département.

Art. 3. La chambre de commerce de Strasbourg sera invitée, conformément à l'art. 8 de l'ordonnance royale du 18 février 1834, à délibérer et à exprimer son opinion sur l'utilité et la convenance des travaux projetés. M. le directeur des douanes du département sera également invité à donner son avis.

La délibération de la chambre de commerce, ainsi que l'avis du directeur des douanes, devront nous être transmis avant l'expiration du délai fixé pour la durée de l'enquête.

Art. 4. Les registres d'enquêtes seront remis, avec toutes les pièces qui y seront relatives, à une commission formée en exécution des articles 4 et 10 de l'ordonnance royale du 18 février 1834.

Cette commission sera composée ainsi qu'il suit :

MM. DE TURCKHEIM (Fréderic), membre du conseil-général du dé
    partement, président;
    ŒSINGER, ancien député, négociant;
    LAQUIANTE, ancien capitaine du génie;
    EHRMANN (Louis-Fréderic), négociant,
    Le baron DE BULACH, maire à Osthausen;
    HECHT (Charles), négociant;
    BARTHELMÉ, maire à Sand;
    SCHNEEGANS, membre du conseil-général du département;
    HEIM, membre du conseil d'arrondissement de Strasbourg;
    BOERSCH, membre du conseil municipal de Strasbourg;
    FÆSS, négociant;
    KLOSE (Alexandre), négociant.

La commission nommera son secrétaire parmi ses membres.

ART. 5. Conformément à l'art. 6 de l'ordonnance du 18 février 1834, cette commission examinera les déclarations consignées aux registres de l'enquête, et après avoir recueilli auprès de toutes les personnes qu'elle jugera utile de consulter, les renseignements dont elle croira avoir besoin, elle donnera son avis, motivé tant sur l'utilité de l'entreprise, que sur les diverses questions qui auront pu être posées par l'administration.

Les opérations de ladite commission devront être terminées dans le délai d'un mois, à partir du jeudi 21 décembre, jour de sa convocation.

Le procès-verbal de ses délibérations nous sera transmis par le président immédiatement après la clôture des opérations.

ART. 6. Le présent arrêté sera inséré au Recueil des actes de la préfecture, et ampliation en sera adressée à M. le sous-préfet de

Sélestat, à M. le directeur des fortifications de la place de Strasbourg, à M. l'ingénieur en chef des ponts et chaussées, à M. le directeur des douanes, et à la chambre de commerce de Strasbourg.

Fait à Strasbourg, en l'hôtel de la préfecture, les jour, mois et an susdits.

SERS.

COMPTE-RENDU

DES TRAVAUX

DE LA

COMMISSION D'ENQUÊTE.

Si, dans le mouvement continu de la civilisation, chaque siècle remplit un rôle spécial, et concourt, par une tendance propre et individuelle, au développement progressif de l'humanité, on ne peut refuser au dix-neuvième siècle l'instinct ou plutôt le génie des applications pratiques, et il faut bien reconnaître que jamais, à aucune autre époque de l'histoire, on n'a vu les travaux de l'esprit humain produire des résultats aussi positifs, aussi immédiats, d'une utilité aussi universelle.

Sans énumérer ici tous les progrès accomplis depuis trente années dans les différentes branches de l'industrie et des arts, n'est-ce pas pour notre siècle un assez beau titre de gloire que l'éclairage au gaz, l'application de la vapeur à l'industrie et à la navigation, enfin la création des chemins de fer? Que d'éléments de progrès nouveaux ne peut-on pas espérer de ces découvertes presque merveilleuses! Et quelle imagination est assez puissante pour entrevoir dans l'avenir toutes les transformations que subira l'humanité, pour deviner toutes les révolutions pacifiques qu'opéreront à la surface

du globe et dans la marche de la civilisation, la vapeur et les chemins de fer? L'homme n'est-il pas devenu maître pour ainsi dire
du temps et de l'espace? Et n'a-t-il pas aujourd'hui entre les mains
des leviers, à l'aide desquels il peut remuer le monde matériel et
moral, aussi sûrement qu'Archimède eût pu soulever notre terre
s'il avait trouvé quelque part un levier et un point d'appui?

Cependant, tout progrès, pour être durable, doit être mûri lentement, et le travail qui a coûté des années ou même des siècles est
toujours plus solide que celui qui s'est improvisé en un jour. Une
métamorphose sociale aussi, qu'elle provienne d'un nouveau principe moral ou d'une grande découverte industrielle, ne peut s'accomplir que successivement : d'abord, parce qu'elle rencontre des
intérêts, des préjugés, des passions, contre lesquels elle est obligée
de lutter, et qui ne lui cèdent le terrain que pied à pied ; puis, parce
que d'autres intérêts, d'autres passions, s'emparent de cette découverte, l'enflent démesurément pour l'exploiter à leur bénéfice, et
la réduisant à un aliment de spéculation, inspirent aux esprits plus
sages de la méfiance sur son utilité même ; enfin, parce qu'aucune
découverte, aucun élément de progrès ne pouvant être introduit
dans la société, sans la modifier dans ses bases, il y a toujours un
temps de crise et de confusion, et l'équilibre ne peut se rétablir que
quand toutes les existences inquiétées ont retrouvé une place, et
sont parvenues à se caser dans l'organisation nouvelle.

C'est ce que prouvent bien clairement l'introduction des machines
à vapeur et la création des chemins de fer. Si l'utilité absolue de
ces deux éléments de progrès ne peut être méconnue, si l'on est
obligé d'avouer que dans l'avenir l'humanité leur devra d'accomplir
avec facilité ce qui lui était autrefois, ce qui lui est aujourd'hui encore bien pénible, souvent même impossible, il faut cependant
avouer aussi que ce progrès ne peut se réaliser sans de grandes
souffrances individuelles, et sans déranger momentanément bien
des existences.

En Amérique, sur un terrain vierge encore; qui demande des bras pour la culture, où les populations éparses, séparées souvent par de vastes déserts, ne peuvent prospérer et s'enrichir que par la création de communications nombreuses et rapides, où les habitants, arrivés d'hier pour ainsi dire, n'ont pas encore pris une assiette solide, où tout est en travail de création, la terre, l'industrie, la société entière, toutes ces découvertes modernes peuvent être introduites sans obstacle; car elles ne portent presque aucune atteinte à des droits acquis, à des intérêts existants; la société américaine qui ne s'est pas encore incrustée dans une organisation bien arrêtée, s'arrange facilement pour tous ces progrès industriels; elle n'a pas besoin de mille précautions pour les modeler d'après elle; elle se modèle d'après eux; et elle présente ainsi, par sa mobilité, par sa souplesse, les conditions les plus favorables à l'application de toutes les découvertes industrielles et scientifiques.

Aussi les États-Unis avec leur population de 13 à 14 millions d'habitants, ont-ils aujourd'hui plus de 700 bateaux à vapeur qui sillonnent leurs fleuves et leurs canaux, tandis que l'Angleterre n'en a que 500 environ, tandis que la France n'en compte pas 100.

Les États-Unis ont environ neuf cents lieues de chemins de fer, et l'Angleterre n'en a pas deux cents lieues de terminés, et la France pas même cinquante.

C'est que, dans notre vieille Europe, la population est plus tassée, tout y est plus rassis; on ne peut toucher à un des points de l'ordre social, sans que la secousse n'aille retentir dans tous; on ne peut produire une invention nouvelle, sans que mille intérêts ne s'éveillent et ne se croient menacés à tort ou à raison; on ne peut introduire dans la société un nouvel élément d'activité et même de prospérité, sans causer des froissements nombreux; il faut de la lenteur, il faut des transitions, il faut des ménagements, car on opère sur un organisme plus sensible, plus impressionnable, sur un corps maladif; où l'on augmente quelquefois le mal en croyant apporter un remède; et il est souvent difficile, pour ne pas dire impossible, de concilier tous les vœux, tous les besoins, tous les intérêts.

Cependant, dans toute entreprise d'intérêt général, c'est cette conciliation des intérêts particuliers que l'on doit avoir en vue ; car il serait souverainement injuste de léser les uns, de favoriser les autres, si de cette injustice momentanée et plus apparente que réelle ne devait sortir un bien général et durable.

C'est à ce point de vue qu'a dû se placer la commission d'enquête du chemin de fer de Strasbourg à Bâle, et en présence des réclamations nombreuses soulevées par ce projet, en présence des protestations formulées contre son exécution, elle a dû examiner avec soin si les intérêts qui s'opposaient à l'établissement de cette nouvelle voie de communication, étaient bien éclairés, bien conseillés, s'ils n'étaient pas aveuglés par des préjugés, s'ils étaient réellement froissés ; si les localités que ce chemin doit traverser, l'arrondissement de Sélestat, par exemple, auraient à en souffrir plus qu'elles n'en tireraient avantage ; puis, en admettant qu'il y ait des dommages réels pour certaines localités, que ce qui est source de prospérité pour les unes, menace de devenir source de perte pour les autres, la commission a dû comparer encore ces pertes privées, locales pour ainsi dire, avec l'intérêt public, avec l'utilité générale, et les peser dans une balance équitable.

Le commerce et l'industrie de l'Alsace doivent prendre par l'établissement du chemin de fer de Strasbourg à Mulhouse et à Bâle, un nouvel essor ; ils y trouveront un puissant moyen de développement et de prospérité. Mais l'agriculture alsacienne n'en souffrira-t-elle pas ? Ses denrées ne seront-elles pas dépréciées ? Le sol qu'elle cultive à la sueur de son front, ne perdra-t-il pas de sa valeur ? Ne lui enlèvera-t-on pas des terres précieuses et fertiles pour les sillonner par la route en fer ? N'y aura-t-il pas une foule d'industries, à la campagne, anéanties, mises hors de service pour ainsi dire ? N'est-ce pas une affaire de spéculation et d'agiotage avant d'être une affaire d'intérêt public? Des capitaux considérables ne s'y engloutiront-ils pas, d'autres ne seront-ils pas diminués plutôt que de profiter, et d'ajouter à la prospérité du pays?

En un mot, s'il y a utilité pour quelques branches, n'y a-t-il pas perte pour beaucoup d'autres, et par conséquent n'est-il pas vrai de dire que le chemin de fer de Strasbourg à Mulhouse et à Bâle n'est pas en lui-même d'une utilité réelle et générale pour l'Alsace?

Pour répondre à cette question, la commission d'enquête devait prendre en considération les réclamations de tous les intérêts spéciaux, ou plutôt de tous les groupes d'intérêts : de l'agriculture, du commerce, de l'industrie, puis de la masse de la population qui ne se range pas dans ces catégories ainsi isolées l'une de l'autre, des voyageurs en général.

Les objections n'ont pas manqué, de la part de l'agriculture, et surtout de la part des communes situées dans la proximité du tracé du chemin. Fegersheim, Geispolsheim, Ichtratzheim, Lipsheim, Sermersheim, Hüttenheim, Kogenheim, Ebersheim, Ebersmünster, Nordhausen, sont venus tour à tour présenter leurs doléances, et soumettre à la commission leurs doutes sur l'utilité de cette entreprise, leurs réflexions sur les dommages qu'elle doit causer à l'agriculture.

Mais ces plaintes sont-elles bien fondées? Ces objections sont-elles bien sérieuses? Et les faits et les raisonnements ne doivent-ils pas rassurer entièrement l'agriculture alarmée? — Examinons.

L'arrondissement de Sélestat, dit-on, est essentiellement agricole : sa richesse, c'est le sol; et son sol le plus fertile, c'est précisément celui que veut sillonner le chemin de fer. Les routes que l'arrondissement possède lui suffisent, puisqu'il n'y a aucun mouvement industriel ou commercial considérable; on va donc lui enlever un terrain précieux pour l'agriculture, sans qu'il y ait bénéfice pour elle. Bien plus : il y aura perte, perte grave, perte incontestable.

Car bien des chevaux seront mis hors de service, par l'anéantissement des postes, relais, petites messageries, par la diminution du roulage auquel le canal du Rhône-au-Rhin a déjà beaucoup nui ; les fourrages seront par conséquent dépréciés, et les prairies, principale richesse de l'arrondissement, perdront de leur valeur.

Ces objections sont assez précises, mais la réponse peut l'être aussi.

D'abord, pour la perte de terrain, on ne peut en parler sérieusement. L'arrondissement de Sélestat a une superficie de 120,250 hectares. Les trois routes royales qui le coupent, occupent 126 hectares ; les routes départementales, 189 hectares 98 ares ; le canal du Rhône-au-Rhin, dans son trajet par l'arrondissement, a une superficie de 240 hectares ; l'Ill et ses dérivations, de 206 hectares ; les autres rivières, de 85 hectares ; enfin les 2,302 chemins vicinaux que possède l'arrondissement, comprennent une étendue de 759 hectares 95 ares.

Voilà donc une superficie de 1,615 hectares 93 ares occupée dans l'arrondissement de Sélestat par les voies de communication soit par terre, soit par eau ; et il lui resté encore plus de 118.000 hectares disponibles pour la culture et l'habitation. Eh bien ! le chemin de fer doit enlever, dans l'arrondissement de Sélestat, une superficie de 60 hectares environ. Soixante hectares sur 118,000 ! L'agriculture peut-elle se plaindre sérieusement qu'on lui ravira un terrain qui lui est précieux, indispensable ?

Mais, dit-on, si le chemin de fer est inutile à l'arrondissement, la perte de terrain, quoique médiocre, n'en sera pas moins réelle. — Sans doute, si le chemin de fer était inutile, superflu. Mais, est-ce là le cas ? L'arrondissement de Sélestat crée plus de produits agricoles qu'il n'en consomme. Sa principale source de richesses est dans l'exportation : il cultive et exporte des céréales, de la navette, du chanvre, du lin, l'espèce de chou dont on fait la choucroute, etc. Cette exportation ne peut être lointaine cependant, elle est circonscrite dans un cercle assez rétréci, parce que les frais de transport élèvent promptement le prix des produits, et que le cultivateur, pour faire quelques bénéfices, est obligé par conséquent de vendre le plus près possible du lieu de production. Ainsi, Sélestat, Colmar, Strasbourg, et les bourgs principaux de l'arrondissement de Sélestat, voilà les marchés que le cultivateur peut aborder. Mais là, il trouve une concurrence assez forte, précisément à cause de l'abondance des mêmes produits. Son bénéfice est donc assez restreint.

Dans cette situation que fera le chemin de fer? Il permettra au cultivateur de transporter ses produits au loin et à peu de frais. Il lui livrera de nouveaux débouchés : voilà Mulhouse, voilà Bâle, et si le chemin de fer, comme tout semble le promettre, est continué de Bâle vers Zurich, voilà une partie de la Suisse ouverte aux denrées agricoles de l'Alsace. Le prix de ces denrées est plus élevé dans les villes que dans les campagnes, dans les grandes villes que dans les petits bourgs, plus élevé dans les villes industrielles que dans d'autres, parce que la culture de la terre y est plus négligée. Eh bien ! le cultivateur de l'arrondissement de Sélestat ira *plus vite*, et *à moins de frais*, par le chemin de fer, d'Erstein, par exemple, à Mulhouse et à Bâle, qu'il ne va aujourd'hui d'Erstein à Strasbourg ; et il trouvera dans ces villes plus éloignées un plus grand bénéfice de la vente de ses denrées, qu'il n'en obtient un maintenant à Sélestat et à Strasbourg. Ainsi, économie de temps, diminution des frais de transport, augmentation des débouchés pour les produits agricoles, plus fortes chances de bénéfice : voilà les résultats que promet au cultivateur l'établissement du chemin de fer.

Mais les prairies, qui sont la principale richesse de l'arrondissement, que deviendront-elles, si la création du chemin de fer met tant de chevaux hors de service? — Sur ses 120,250 hectares de superficie, l'arrondissement de Sélestat compte en effet 16,623 hectares de prairies et 9,638 hectares de pâturages. Voilà donc un intérêt assez notable en jeu. Mais, ses alarmes sont-elles bien fon-

dées? Non certes. Pourquoi l'arrondissement de Sélestat ne se livre-
rait-il pas davantage à l'éducation des bestiaux? Si les fourrages
tombent à plus bas prix, ne trouvera-t-il pas un grand bénéfice à
élever des bœufs? N'a-t-il pas un débouché assuré à Strasbourg,
qui en consomme cinq à six mille par an, et qui est obligé de les
tirer du Wurtemberg et de la Suisse, parce que l'éducation des bestiaux est négligée en Alsace? Le bénéfice que le cultivateur pourra
obtenir des bestiaux engraissés, ne le dédommagera-t-il pas de la
perte qu'il peut éprouver de la dépréciation de ses fourrages? Cette
multiplication des bestiaux, cette diminution des chevaux à la campagne, doit du reste contribuer puissamment aux progrès de l'agriculture. On sait combien il est plus profitable de cultiver les champs
avec des bœufs qu'avec des chevaux, et parce que l'engrais prove-
nant des chevaux est moins fertilisant que celui qui provient des
bœufs, et parce que le cheval, s'il succombe, laisse une perte
sèche au cultivateur; c'est tout un capital qui lui périt, tandis qu'il
peut du moins utiliser les dépouilles de ses bestiaux. Dans le Wurtemberg et dans beaucoup de contrées de l'Allemagne, l'éducation
des bœufs, qui servent exclusivement au labour, est un élément de
richesse pour les cultivateurs; et dans notre Alsace aussi, les agriculteurs les plus aisés sont rarement ceux qui peuvent se prélasser
dans des chariots attelés de quatre ou six chevaux; ce sont plutôt
ceux qui ont plusieurs couples de bœufs à mettre à leurs charrues.

Puis, y a-t-il nécessité de laisser en prairies et en pâturages une
vaste étendue de terrain de plus de 26,000 hectares dans l'arrondissement de Sélestat? Pourquoi la culture des plantes potagères
n'envahirait-elle pas une partie de ces prés? Avec les moyens de
communication que donnera le chemin de fer, avec la facilité et le
bas prix des transports, le cultivateur ne trouvera-t-il pas un grand
avantage à transformer une partie de ses terres en potager? La culture des légumineuses, alternant avec les céréales, ne contribuera-
t-elle pas à l'amendement du sol? Les champs plantés de légumes,

ne sont-ils pas d'un excellent rapport dans le voisinage des grandes villes ? Eh bien ! par le chemin de fer, les petits villages de l'arrondissement de Sélestat seront pour ainsi dire aux portes de Strasbourg, de Mulhouse et de Bâle, sur la frontière de la Suisse, et ils auront des débouchés nombreux et certains pour ces produits de leur sol.

Dès lors, au lieu de perdre de leur prix, leurs terres gagneront au contraire; elles seront d'un meilleur rapport, leur valeur en capital augmentera donc aussi; et le cultivateur, au lieu de maudire le chemin de fer comme une source de pertes et de dommages, s'en louera comme d'un élément de prospérité et de richesse.

Quand l'homme se laisse dominer par des préjugés, tel est presque toujours l'aveuglement dont il est frappé, l'entraînement auquel il cède, qu'il méconnaît jusqu'à ses intérêts les plus directs, les plus positifs.

Ainsi, en admettant que toutes les objections de l'agriculture contre le chemin de fer, soient vraies, et que le pays, en général, ait plus à perdre qu'à gagner par son établissement, toujours est-il que les localités que le chemin traversera, trouveront du moins quelques dédommagements pour leurs pertes présumées à tort, par la facilité et la rapidité des communications.

Eh bien, si vives sont les alarmes des cultivateurs des communes réclamantes, qu'ils ont demandé que si, malgré leurs protestations, la commission d'enquête allait donner un avis favorable à la création du chemin de fer, elle leur fît du moins la grâce de les en préserver, eux et la banlieue de leurs communes. Le chemin de fer est donc un épouvantail dans nos campagnes, plus terrible que n'était autrefois la taille et la corvée; on croirait que c'est quelque grand malheur qui va fondre sur l'agriculture, et peu s'en faut peut-être que dans certains endroits on ne fasse des neuvaines contre sa création.

Si les raisonnements que nous avons exposés ne suffisent pas pour rassurer les agriculteurs, qu'on nous permette de recourir aux faits, et de leur montrer que, dans d'autres pays, des cultivateurs ayant les mêmes intérêts que les cultivateurs alsaciens, placés dans la même position qu'eux, se sont loués des avantages qu'ils retiraient des chemins de fer.

Voici quelques lignes extraites de l'enquête faite par une commission de la chambre des pairs d'Angleterre sur le chemin de fer de Londres à Birmingham. Ce sont les interrogatoires de deux fermiers, de deux cultivateurs.

Interrogatoire de M. W. Meade Warner.

Êtes-vous fermier? — Oui.

— A quelle distance est votre terre du chemin de fer? — A quelques perches.

— Regardez-vous l'établissement de ce chemin de fer comme un avantage ou comme un inconvénient pour votre terre? — Comme un avantage de la plus haute importance.

— En quoi croyez-vous qu'il sera utile à vous et aux autres fermiers dont il traversera les terres? — Nous aurons beaucoup plus de facilité pour envoyer nos produits à Londres.

— La difficulté de les transporter par la route ordinaire vous empêche-t-elle d'envoyer des agneaux et des veaux au marché de Londres? — Oui.

— Serait-il avantageux pour vous, qui avez quarante ou cinquante vaches, d'avoir un chemin de fer pour envoyer votre laitage au marché de Londres? — Très-avantageux: lorsque les marchandises sont sujettes à se détériorer, plus vite elles sont livrées aux consommateurs, mieux cela vaut.

— Croyez-vous, en qualité de fermier, et d'après la connaissance que vous avez de vos environs, que la construction d'un chemin de fer sur la ligne proposée serait avantageuse à vos deux fermes? — Cette opinion seule m'a conduit ici. Ma fortune consiste en terres. Je suis propriétaire aussi bien que fermier, et je crois que la valeur de mes propriétés le long de cette ligne augmenterait de 30 pour 100.

Interrogatoire de M. Charles Whitworth.

Êtes-vous fermier ou propriétaire? — Fermier et propriétaire en même temps.

— Avez-vous vu des chemins de fer? — J'ai été sur le chemin de fer entre Manchester et Liverpool.

— Avez-vous vu transporter des bestiaux par le chemin de fer? — J'y ai vu des bestiaux et des porcs.

— Après avoir été transporté par le chemin de fer, le bétail est-il descendu en bon état? — Celui que j'ai vu descendre était aussi frais que s'il revenait du pâturage.

— Quelle serait à votre avis la raison de l'augmentation de la valeur des terres sur la ligne traversée par le chemin? — La facilité du transport pour les objets qu'on aurait besoin d'expédier ou de faire venir par cette voie.

— Voulez-vous parler d'un moyen de communication pour l'expédition des produits de votre ferme? — Oui, nous pourrions aussi nous procurer des engrais que nous ne pouvons avoir dans un rayon de quelques milles.

Après ces interrogatoires, nous pourrions en citer d'autres encore qui ont fourni des résultats semblables. Voilà donc, dans un pays où il y a des chemins de fer établis, où chacun peut apprécier l'influence favorable ou nuisible qu'ils exercent sur les diverses branches de l'activité humaine, voilà deux cultivateurs qui s'applaudissent devant la commission d'enquête de la chambre des lords, de la création d'un chemin de fer, parce qu'il leur fournira des voies de transport faciles et peu coûteuses, pour l'exportation de leurs denrées, parce qu'il leur permettra de faire arriver promptement leurs produits à Londres, ou dans les grands centres de population échelonnés sur la route, enfin parce qu'il augmentera la valeur de leurs propriétés.

Ce dernier point est aujourd'hui universellement reconnu. Non-seulement les chemins de fer n'enlèvent rien de leur valeur aux propriétés situées dans leur voisinage, mais ils en augmentent le prix. A cette attestation de deux cultivateurs anglais, aussi vivement intéressés que les cultivateurs alsaciens à garantir leur prospérité agricole contre tout agent nuisible, nous pourrions ajouter des faits connus et incontestables.

Les terres étendues près des grandes voies de circulation, routes, canaux ou chemins de fer, ont, toutes choses égales d'ailleurs, une valeur plus considérable que celles qui en sont plus éloignées. Car la véritable richesse d'un pays, ce n'est pas le sol en lui-même, quelque fertile qu'il puisse être ; c'est la facilité d'exporter les produits du sol, la possibilité des échanges nombreux, rapides, lointains. La terre la plus féconde est sans valeur, si elle est isolée, privée de toute voie de communication au dehors ; comme les plus belles forêts dans nos hautes montagnes, n'ont souvent aucun prix, et dépérissent même quelquefois sur pied, parce qu'elles ne sont pas sillonnées par des routes, et parce que la difficulté des transports rend leur exploitation presque impossible.

Il est, dans la Pensylvanie, des contrées où l'arpent de terre valait 10 ou 15 fr. faute de routes ; quand un chemin de fer est venu traverser ces régions, la valeur de l'arpent, non la valeur d'agiotage, si je puis ainsi dire, mais la valeur réelle, s'est élevée successivement jusqu'à 1,600 et 1,700 fr.

Je suis loin sans doute de vouloir faire croire aux agriculteurs alsaciens que le chemin de fer va accroître dans la même proportion la valeur de leurs propriétés voisines ; mais il me paraît constaté que, dans un rapport plus ou moins fort, les terres situées près des chemins de fer gagnent toujours à ce voisinage, puisque ce fait a toujours lieu dans les pays les plus différents, aux Etats-Unis, comme en Angleterre, comme en France.

Mais, dit-on encore, le chemin de fer va apporter de grandes gênes à la circulation dans les campagnes. Le cultivateur, dont le champ va être coupé en deux tronçons par le chemin de fer, sera obligé de faire un long détour pour passer d'une portion à l'autre, puisqu'il ne pourra franchir la route qu'à certaines barrières : ce sera donc pour lui une grande perte de temps. En outre, que deviendront tous ces chemins d'exploitation et de défruitement, si nombreux et si nécessaires ? Le chemin de fer ne les anéantira-t-il pas, au grand détriment de l'agriculture ?

Ce ne sont pas là des objections graves, ce sont seulement des inconvénients que l'on signale.

D'abord, l'article 50 de la loi du 7 juillet 1833, sur l'expropriation pour cause d'utilité publique, garantit les propriétaires contre tout morcellement excessif de leurs propriétés, et elle oblige l'état ou les compagnies qui ont obtenu la permission d'exproprier, d'acquérir les parcelles de terres de moins de dix ares qui pourraient rester après l'expropriation de l'étendue dont elles ont besoin. La loi a donc prévu et prévenu l'objection.

Quant aux chemins d'exploitation et de défruitement, il est sans doute nécessaire de maintenir autant que possible tous ceux qui existent. Dans un pays où la propriété territoriale est tellement divisée, où chaque agriculteur, au lieu de posséder un corps de biens réuni en un enclos, ou en un seul canton, a presque toujours ses champs disséminés à de grandes distances, la circulation serait réellement entravée, et il y aurait pour le cultivateur une perte de temps fâcheuse, s'il rencontrait, dans une longue étendue, le chemin de fer comme un rempart infranchissable, et s'il était obligé de se promener à travers champs pendant une demi-lieue pour rejoindre la barrière qui doit lui livrer passage.

Aussi, la commission d'enquête a pleinement reconnu la justesse de cette observation. Elle n'a pas dissimulé, dans ses délibérations, que, dans l'intérêt de l'agriculture alsacienne, il serait convenable de ne pas espacer les barrières à trop grandes distances, mais de les rapprocher, autant que cela sera jugé nécessaire, les unes des autres, pour conserver les chemins d'exploitation et de défruitement indispensables aux cultivateurs, et pour ne pas ajouter encore aux inconvénients que leur cause le morcellement infini de leurs propriétés.

Voilà, si je ne me trompe, les objections de l'agriculture contre l'établissement du chemin de fer épuisées. Si j'ai si longuement insisté sur ce point, c'est que ces préjugés sont très-répandus dans les campagnes, et qu'il importait de les discuter avec quelque détail. Il y a, on ne peut se le dissimuler, de nombreuses préventions contre les chemins de fer dans la masse de la population alsacienne : la discussion doit les éclairer, l'expérience les fera entièrement disparaître.

Cependant ce serait erreur de s'imaginer qu'il y aura avantage pour tous les intérêts dans l'établissement du chemin de fer, et que tous ceux qui se trouveront dans son voisinage n'auront qu'à tendre la main pour y voir pleuvoir de gros bénéfices. Il y aura des froissements aussi, il y aura des pertes : et pourtant, chose étrange ! ce sont précisément ceux qui doivent en profiter, les agriculteurs, par exemple, qui ont élevé les plus vives réclamations ; et ceux qui sont réellement menacés, ont gardé un complet silence. Tant il est vrai que les questions élémentaires d'économie politique sont encore peu comprises des masses, même lorsqu'elles les touchent le plus directement, dans leurs intérêts les plus vivants !

Que deviendront, par exemple, une foule de petites industries, dans les campagnes, sur la ligne de Strasbourg à Bâle ?

Les charrons, les maréchaux-ferrants, ne verront-ils pas se fermer pour eux leurs sources actuelles de travail et d'aisance, quand les locomotives à vapeur remplaceront sur le chemin de fer les chevaux et les voitures des voyageurs ?

Le roulage, auquel l'ouverture du canal du Rhône-au-Rhin a déjà porté quelques atteintes, ne disparaîtra-t-il pas entièrement dans la direction du chemin de fer, quand les wagons pourront transporter en quelques heures les marchandises qui cheminent lentement et pesamment sur la grande route pendant plusieurs jours ?

Les aubergistes, établis le long de la route, qui trouvent leur bénéfice dans la lenteur de la circulation, dans la fatigue des chevaux, et jusque dans le mauvais état des chemins, dans la quantité des voyageurs qui s'arrêtent chez eux, dans les stationnements des voitures de roulage, ne seront-ils pas réduits, quand le chemin de fer sera livré au public, à fermer leurs auberges et à mettre la clef sous la porte ?

Le service des maîtres de poste ne deviendra-t-il pas tout à fait superflu, puisque tout voyageur, tel riche, tel grand seigneur qu'il soit, aimera mieux voyager commodément, rapidement et à peu de frais sur le chemin de fer, que de payer des chevaux de poste pour aller lentement, à grands frais et être cahoté plus ou moins rudement, sur la route ordinaire ?

Les petits marchands, les débitants, qui résident dans les bourgs de moindre importance échelonnés sur cette route, n'auront-ils pas à redouter la concurrence des grandes villes, de Strasbourg, de Colmar, de Mulhouse ? Benfeld, Sélestat, Rouffach, par exemple, qui sont autant de centres pour les habitants des campagnes voisines, autant de marchés où ceux-ci vont s'approvisionner d'une foule d'objets qu'ils ne peuvent se procurer dans leurs villages, ne verront-ils pas décliner leur importance commerciale, déjà fort petite ? Dans les endroits situés sur la route de Strasbourg à Sélestat, le paysan qui est aujourd'hui à deux lieues de Sélestat, à six ou sept lieues de Strasbourg, va plutôt au marché de Sélestat qu'à celui de Strasbourg, soit pour acheter, soit pour vendre : par le chemin de fer, il sera plus près de Strasbourg qu'il n'est aujourd'hui de Sélestat, et il préférera sans doute presque toujours le marché d'une ville grande et populeuse, à celui d'une ville plus petite et où il trouve moins de chalands pour les produits qu'il veut vendre, moins de choix pour les achats qu'il veut faire. Et les habitants mêmes de ces petites villes, que la distance et l'embarras des communications et des voies de transport empêchent aujourd'hui de s'approvisionner à Strasbourg, n'y chercheront-ils pas les objets dont ils ont besoin, parce qu'ils pourront le faire sans grande perte de temps, à peu de frais, et parce qu'ils les trouveront de meilleure qualité et souvent à plus bas prix ?

Dès lors aussi, pour ramener toutes ces réflexions de détail, à une idée plus générale, n'y aura-t-il pas de la part des grandes cités, de la part de Strasbourg, de Colmar et de Mulhouse, une puissance d'attraction, une force d'absorption industrielle et commerciale, qui anéantira le peu de vie que peuvent posséder les villes intermédiaires d'une moindre importance ? Ne sera-ce pas de la part de deux ou trois villes de l'Alsace un grand mouvement de centralisation, analogue à celui qui s'exerce de Paris sur la France entière ? Et les intérêts généraux du pays ont-ils à gagner ou à perdre à une pareille tendance ?

Il y a, ce me semble, dans ces observations, quelque chose de plus sérieux et de mieux fondé que dans les doléances de l'agriculture. On ne peut méconnaître qu'il y aura là des intérêts réellement lésés, des existences menacées ; on ne peut se dissimuler que le chemin de fer établissant les relations sociales des différents centres de population de l'Alsace sur une nouvelle base, y introduisant un nouvel élément, si je puis ainsi dire, la rapidité, causera des dommages plus ou moins graves à ceux dont l'existence ou l'industrie repose sur l'état actuel de ces relations, sur leur lenteur.

Cependant ici encore se présentent quelques réflexions qui peuvent atténuer ce que les premières offrent de grave.

Le principe général qui dirige aujourd'hui la civilisation, c'est celui de la liberté. Dans le domaine des intérêts matériels, de l'industrie, du commerce, ce principe s'appelle *concurrence*. La concurrence est aujourd'hui l'aliment, le mobile de toute activité sociale, concurrence d'individu à individu, d'intérêt à intérêt, de compagnie à compagnie, d'état à état. Cette concurrence est-elle un mal, est-elle un bien? Est-ce l'état définitif de l'humanité? Ou n'est-elle qu'une situation transitoire d'où doivent sortir les germes d'une organisation nouvelle pour l'industrie? C'est ce que je n'examinerai pas ici : toujours est-il vrai qu'aujourd'hui la liberté industrielle, la concurrence est la cause et le mobile de tous les progrès, de toutes les découvertes dont l'industrie s'enrichit.

Toutes les fois que le gouvernement porte quelque atteinte à cette liberté, les réclamations s'élèvent de toutes parts, parce que chacun ne se fiant qu'à lui-même, et ne se reposant que sur ses propres efforts, craint de rencontrer à son tour quelque entrave à ses désirs de développement. Eh bien! l'établissement des chemins de fer n'est autre chose qu'une concurrence contre les voies de circulation qui existent en ce moment, comme les moyens de transport actuels ont fait concurrence, pour les remplacer, aux moyens de transport usités autrefois.

Supposez une compagnie exploitant une route par une entreprise de diligences. Survient une deuxième compagnie, qui, avec un capital plus fort, et des moyens de succès plus considérables, veut exploiter la même route et faire concurrence à la première. Celle-ci perdra, sa ruine est inévitable, elle le prévoit. Et cependant, parce que la concurrence est le principe social, elle ne pourra invoquer aucune protection de la part du gouvernement. Que dirait-on, en effet, si le gouvernement s'avisait de défendre la formation de la seconde entreprise, pour préserver la première de toute chance de perte?

Quand on a créé les omnibus à Paris, tous les cochers de fiacres et de cabriolets de place ont jeté de hauts cris, et se sont coalisés contre cette innovation, si avantageuse au public. Qu'eût-on dit si, pour satisfaire les cochers de fiacre, le gouvernement eût défendu la création des omnibus? Eût il seulement pu l'oser?

Mais, où en serions-nous donc si, quand on allait en coche de Strasbourg à Paris, après avoir pris la précaution de faire son testament, tant était périlleux ce voyage de quinze jours à trois semaines, les conducteurs de coches avaient voulu et pu empêcher l'établissement des diligences et des messageries qui y conduisent maintenant en si peu de temps? Où en serions-nous si la crainte de léser quelques intérêts attachés à l'état actuel de choses, pouvait enrayer tout progrès, toute amélioration? Il serait à désirer sans doute que toutes les améliorations s'opérassent sans inquiéter aucune position faite : mais cela est-il possible? Et, avec le principe de la liberté et de la concurrence, que chacun invoque, que chacun doit respecter, et dont chacun doit savoir subir les inconvénients puisqu'il en recueille les avantages, toute intervention du pouvoir social pour la conciliation des intérêts privés, ne serait-elle pas regardée comme un empiétement, comme une usurpation?

Il arrive nécessairement pour les chemins de fer ce qui est arrivé pour tout progrès : quelques individus, quelques intérêts en souffrent momentanément, mais la société y gagne. La souffrance est du reste la condition du progrès social comme celle du développement individuel ; et le progrès le plus grand, pour l'individu comme pour la société, est presque toujours celui qui coûte le plus de temps, le plus de peines, le plus de douleurs.

Quand l'imprimerie est venue jeter son flambeau sur le monde, et le préserver à jamais du retour de l'ignorance et de la barbarie, cette précieuse découverte n'a pu s'établir sans déranger aussi de nombreuses existences, sans enlever leur pain à tous ces clercs, qui n'avaient alors d'autre occupation que celle de copier les livres. Mais aussi, à combien d'industries nouvelles l'imprimerie a donné le jour! Que de bras elle occupe! Et quels magnifiques dédommagemens elle a dispensés à l'humanité, pour le mal passager qu'elle a causé à quelques hommes!

L'introduction des machines aussi, n'a-t-elle pas provoqué, ne provoque-t-elle pas chaque jour encore des souffrances bien plus vives dans la classe ouvrière? Et cependant, au bout d'un temps bien court, l'équilibre se rétablit; les existences inquiétées, dérangées, trouvent une autre place; car le cercle de l'activité humaine s'élargit avec chaque découverte nouvelle; aucun intérêt n'est foulé aux pieds, anéanti : c'est un simple déplacement d'où doit résulter un équilibre nouveau.

Il en sera de même pour le chemin de fer de Strasbourg à Bâle. Si certaines industries sont menacées par lui dans leur assiette actuelle, elles pourront trouver dans une transformation un nouvel élément d'activité. On établira de Bâle à Strasbourg, à tous les embranchements des routes principales, des points de station, pour permettre aux voyageurs de monter et de descendre, pour charger et décharger les marchandises. Il faudra à ces stations des établissements pour recevoir les voyageurs, pour mettre les marchandises à couvert : il y aura ainsi, sur une étendue de trente-cinq lieues, dix-huit nouveaux établissements, soit dans les villes et villages que le chemin traversera, soit au débouché des routes où il doit accueillir les voyageurs et les marchandises. Ce seront de véritables centres d'activité, où bien des bras trouveront du travail. Puis, tous les employés dont la compagnie aura besoin, tous les gardes et surveillants qui lui seront nécessaires aux barrières! On peut s'en faire une idée, quand on sait que sur le chemin de fer de Liverpool à Manchester, qui n'a que douze lieues et quart de longueur, il y a constamment sept à huit cents personnes employées. Sans doute le chemin de Liverpool à Manchester est un chemin de luxe, si je puis ainsi dire, et les dépenses de celui de Strasbourg à Bâle ne se feront pas d'une manière aussi grandiose : mais il n'en demeure pas moins certain par ces faits, que si la création du chemin de fer nuit momentanément à quelques industries , elle offre à celles qui sauront se transformer suivant les nouveaux besoins, suivant les nouvelles circonstances , une source d'aisance et de travail dont il est même difficile d'apprécier l'étendue possible.

Et pour celles qui ne pourront pas se plier à ce nouvel ordre de choses, n'ont elles pas encore quelque garantie contre la ruine, dans le temps qui s'écoulera jusqu'à l'ouverture du chemin de fer? M. Nicolas Kœchlin demande six années pour l'achever : n'est-ce pas un temps assez long pour permettre à tous ceux qui se croiront menacés, de se caser dans le nouvel ordre de choses qu'amènera le chemin de fer?

Mais les petites cités intermédiaires ne pourront se modifier comme les individus. Celles-là, nous le croyons, devront perdre de leur importance actuelle : rapprochées des grands centres de population, elles ne pourront soutenir la concurrence sur aucun point; elles seront absorbées, pour ainsi dire , par cette attraction , cette force de centralisation qu'exercent toutes les cités populeuses, dans un certain rayon autour d'elles. Et le chemin de fer doublera ou triplera le rayon d'activité de Strasbourg et de Mulhouse. Est-ce un mal? Nous ne le pensons pas; car les grandes villes sont des foyers de lumières et de civilisation; l'influence qu'elles exercent est une influence salutaire, progressive; leur population est plus éclairée que celle des petites villes, des campagnes; et leur contact répété, fréquent, ne peut que contribuer au développement intellectuel et moral de celle qui est moins avancée. Avec les barrières de la petite ville, disparaîtront bien des préjugés, bien des erreurs, qui y vivotent secrètement, entés sur l'ignorance et les habitudes casanières. Pour apprécier les progrès que cette nouvelle voie de communication rendra possibles , on n'a qu'à voir ceux qui ont eu lieu dans la suite des siècles par les voies de communication si imparfaites que nous possédons aujourd'hui.

« Épargnons le temps , a dit Franklin, car la vie en est faite. » Ce n'est pas en France jusqu'ici que ce conseil a été écouté et suivi ; car nous avons encore l'air d'ignorer le prix du temps, nous ne nous en servons pas comme d'un capital précieux, qui doit rapporter sans cesse de grands intérêts ; nous le gaspillons souvent en paroles, nous le dépensons follement sans agir ; on croirait vraiment qu'il n'a pour nous aucune valeur.

Les compatriotes de Franklin, au contraire, les Américains, en connaissent tout le prix ; ils veulent vivre vite et beaucoup ; tout ce qu'ils entreprennent, ils le font promptement ; ils sont toujours affairés, toujours pressés. « Le métier d'un Américain, disait à M. Michel Chevalier, un habitant des États-Unis, est d'être toujours à craindre que son voisin n'arrive avant lui. Si cent Américains étaient au moment d'être fusillés, ils se battraient à qui passerait le premier, tant ils ont l'habitude de la concurrence ! »

Ne vous étonnez donc pas si, avec ce caractère national si différent du nôtre, les Américains se sont empressés de se servir de tous les moyens qui pouvaient leur procurer une économie de temps, s'ils ont multiplié les bateaux à vapeur, et s'ils comptent un millier de lieues de chemins de fer, tandis qu'en France on étudie encore la direction à donner à ceux que l'on veut y établir.

L'économie de temps que procurent les chemins de fer, est en effet prodigieuse, et l'on ne peut qu'admirer le génie de l'homme qui a su maîtriser ainsi l'élément le plus insaisissable.

Cependant la vitesse n'est pas la même sur tous les chemins de fer : elle dépend et de leur mode de construction, et des pentes que l'on peut y rencontrer, et des courbes plus ou moins roides que les locomotives et les wagons sont obligés de décrire. Ainsi, sur le chemin de fer de Baltimore à l'Ohio, la vitesse moyenne est de quatre et demie à cinq lieues à l'heure (nous prenons pour mesure des lieues de 4,000 mètres) ; sur celui de Charleston à Augusta, la vitesse est de cinq lieues à cinq lieues et demie ; elle est de huit lieues sur celui de Boston à Worcester ; de dix lieues sur celui de

Boston à Lowell ; de douze lieues sur celui de Manchester à Liverpool. M. Stephenson, l'ingénieur qui a exécuté ce dernier chemin, s'occupe même en ce moment de l'essai d'une nouvelle locomotive qui doit parcourir le chemin de fer avec une vitesse de vingt-huit lieues à l'heure.

Dans le projet de M. Nicolas Kœchlin, le trajet de Strasbourg à Bâle par le chemin de fer, doit se faire en quatre heures ; en évaluant ce trajet de trente-quatre à trente-cinq lieues, ou à 140 kilomètres, on voit que la vitesse sera de huit lieues et demie environ à l'heure.

Comparez cette vitesse à celle que l'on obtient par les moyens de transport aujourd'hui en usage.

Une voiture, attelée de deux chevaux, chemine, terme moyen, avec une vitesse d'environ 8,000 mètres à l'heure. Encore, ne faut-il pas oublier que quand les chevaux auront fait quatre à six lieues, il faudra les laisser reposer quelque temps, avant qu'ils soient en état de continuer la route.

Les voitures publiques, diligences et messageries, font également environ deux lieues à l'heure ; s'il en est dont la vitesse est quelquefois plus considérable, il en est beaucoup aussi qui ne marchent qu'avec une vitesse moindre.

Les voitures de poste vont plus promptement : elles font ordinairement trois lieues à l'heure.

Enfin, le moyen de transport le plus rapide aujourd'hui, ce sont les malles-postes ; on y fait trois lieues et demie ; et quand les routes sont unies et bien entretenues, pendant les belles journées de l'été seulement, la malle-poste parcourt quatre lieues à l'heure.

Ainsi, le trajet de Strasbourg à Bâle se fera, par le chemin de fer, avec une vitesse double de celle qu'a la malle-poste, dans les circonstances les plus favorables ; avec une vitesse quadruple de celle des messageries et diligences. Aujourd'hui, en montant à midi dans la diligence de Strasbourg à Bâle, on arrive dans cette dernière ville le lendemain matin vers six ou sept heures, après être resté la moitié d'une journée et une nuit entière en voiture. Par le chemin de fer, en partant de Strasbourg à la même heure, à midi, on sera à Bâle à quatre heures du soir. Ainsi Bâle ne sera plus qu'à quatre heures de distance de Strasbourg, Mulhouse à trois heures, Colmar à moins de deux heures, Sélestat à une heure environ. On ira aussi promptement de Strasbourg à Sélestat, qu'on va maintenant de Strasbourg à Graffenstaden.

Cette vitesse, qui, du reste, pourra être augmentée encore, provient de la manière scrupuleuse dont sont obervées, dans le plan de M. Nicolas Kœchlin, les conditions d'inclinaison et de contournement les plus propres à augmenter la rapidité.

On comprend que les accidents du terrain empêchent le chemin de fer de suivre constamment un niveau parfaitement horizontal, comme la nécessité de se rapprocher des centres de population et d'autres conditions d'exécution, ne peuvent permettre qu'il soit toujours en ligne droite. Mais plus les courbures sont roides, plus leur rayon est petit, plus les inclinaisons sont fortes, plus aussi il en résulte de retard dans la marche des convois. Dans l'intérêt de la rapidité, comme dans celui de la sûreté publique, il faut que les rayons des courbes aient un *minimum* et les inclinaisons un *maximum* qu'elles ne puissent dépasser. Ainsi, l'administration des ponts et chaussées, dans les études auxquelles elle s'est livrée pour les grandes lignes de chemins de fer qui sillonneront la France, a admis que les rayons des courbes doivent avoir au moins 800 mètres, et que l'inclinaison ne doit pas être de plus de cinq millimètres par mètre. Ce n'est pas que la stricte exécution de ces règles soit absolument nécessaire, car les chemins de fer aux Etats-Unis ont sept, huit et jusqu'à dix millimètres de pente, sans qu'il en résulte des accidents, et beaucoup de leur courbes n'ont pas plus de 500, 300, 150 et même 120 mètres de rayon : mais toutes les fois que l'on peut réunir ces deux conditions, grandes courbes et pentes peu rapides, en d'autres termes, toutes les fois que le chemin de fer se rapproche de la ligne droite et du niveau horizontal, il y a un avantage marqué pour la rapidité et pour la sécurité.

Or, le tracé du chemin de fer de M. Nicolas Kœchlin, satisfait complétement à cette double règle : d'après les détails fournis par MM. les ingénieurs Bazaine et Chaperon, il se compose de 43 alignements, dont 21 alignements droits et 22 alignements courbes. Sur ce dernier nombre, il y en a onze de 4,000 mètres de rayon, un de 3,000 mètres, cinq de 2,000, trois de 1,000 ; enfin deux courbes n'ont l'une que 500, l'autre que 200 mètres de rayon, mais c'est aux approches des stations de Strasbourg et de Mulhouse, de manière que le ralentissement naturel des locomotives à ces deux points rend ces petits rayons sans aucun inconvénient.

Quant au niveau du chemin de fer ; il a quatre parties horizontales d'une longueur de 13,120 mètres ; huit pentes d'une longueur de 19,244 mètres ; dix-neuf rampes d'une longueur de 107,682 mètres. Mais sur ces 27 pentes et rampes, il y en a une seule de trois millimètres et demi par mètre ; toutes les autres n'ont que un, deux, ou deux millimètres et demi.

Ainsi, le projet de M. Nicolas Kœchlin réunit toutes les conditions de rapidité et de sûreté, et on peut encore espérer de voir réduire à moins de quatre heures le temps nécessaire pour aller de Strasbourg à Bâle.

Le principal élément de succès des chemins de fer, ce sont les voyageurs : leur transport constitue la partie la plus nette des bénéfices, car les marchandises pesantes, la houille par exemple, détériorent promptement les rails, et nécessitent des frais coûteux d'entretien et de réparation. Il est difficile, sous ce rapport, de trouver et moins encore d'indiquer d'avance le tarif le plus avantageux à l'entreprise ; mais il est certain que les intérêts de la compagnie et ceux de la population se rencontrent généralement. Il ne faut pas que le tarif soit trop élevé, pour que les voyageurs soient plus nombreux. Or, d'après le tarif de M. Nicolas Kœchlin, le prix du transport sur le chemin de fer sera par tête et par kilomètre, de huit centimes dans les voitures fermées et couvertes, et de six centimes dans les voitures découvertes et non fermées. A ce prix il faut joindre le décime par franc, et le dixième, que prélève le gouvernement à titre d'impôt par place. Le prix moyen de ce tarif sera donc de 10 fr. 45 c. par place pour aller de Bâle à Strasbourg. C'est déjà une dépense assez forte, comme on voit, et il sera sans doute de l'intérêt de la compagnie d'abaisser ce tarif, pour permettre aux classes moyennes de circuler sur le chemin de fer, et pour les y attirer. Le prix moyen actuel, par les diligences, est de 12 fr., et l'on reste de seize à dix-huit heures en route.

Quant au nombre des voyageurs qui doivent alimenter le chemin de fer, il est également impossible de rien préjuger à cet égard. Ce nombre triple ordinairement: telle est du moins la progression qui a été observée jusqu'ici avec assez de constance, sur les chemins de fer établis. Peut-on estimer approximativement la circulation qui s'établira sur la voie nouvelle de Bâle à Strasbourg? C'est chose difficile, car les renseignements que nous possédons ne sont ni précis, ni complets. Voici toutefois quelques données.

Trois diligences partent chaque jour de Strasbourg pour Bâle. Ces diligences conduisent, terme moyen, douze voyageurs pendant les six mois d'hiver, trente pendant les six mois d'été; ce qui fait 2,196 pour les six premiers mois, 5,190 pour les six derniers; en tout de sept à huit mille voyageurs par an. Ces voyageurs ne vont sans doute pas tous jusqu'à Bâle; il en est beaucoup qui descendent en route, à Sélestat, à Colmar, à Mulhouse; mais il en est d'autres qui prennent la voiture dans ces localités, de manière que ces mutations permettent d'estimer le nombre des voyageurs à l'arrivée de la diligence à Bâle, tel qu'il était à son point de départ à Strasbourg. En admettant chaque jour le même nombre pour le retour de Bâle à Strasbourg, nous avons annuellement de 15 à 16,000 voyageurs. Si l'on triple ce nombre, on n'aurait encore qu'une circulation de 45,000 environ. Il faudra nécessairement y ajouter les voyageurs qui, pendant l'été, montent ou descendent le Rhin, ceux qui quitteront la rive droite pour s'embarquer sur le chemin de fer par la rive gauche, enfin tous les habitants de la campagne qui profiteront chaque jour du chemin de fer pour se rendre à Strasbourg, à Colmar ou à Mulhouse. Cependant, toutes ces données sont bien vagues, bien générales, et il est impossible d'apprécier exactement l'augmentation de voyageurs qui doit résulter de l'établissement du chemin de fer, et qui est indispensable pour l'alimenter. Avant l'établissement du chemin de fer de Liverpool à Manchester, il y avait annuellement 120,000 voyageurs sur cette route; il y en a maintenant de 350,000 à 400,000. Mais Liverpool et Manchester sont deux cités intimément unies par les besoins de l'industrie et du commerce; Liverpool est le port de Manchester; quarante-huit diligences desservaient cette route avant la création du chemin de fer. Strasbourg et Bâle, Strasbourg et Mulhouse ne sont pas dans des relations semblables; il n'est pas à prévoir dès lors que le nombre des voyageurs augmente dans une aussi forte proportion, ni que les frais de l'entreprise soient facilement couverts par le transport des voyageurs. Je ne sais si je me trompe, mais il me semble que le chemin de fer de Strasbourg à Bâle, pour réussir, c'est-à-dire, pour donner des bénéfices aux actionnaires, devra être alimenté surtout par les marchandises, tandis qu'ailleurs ce sont les voyageurs qui constituent le rapport principal. Les relations entre Strasbourg, Mulhouse et Bâle ne sont pas assez nombreuses, et surtout pas assez nécessaires; il y a une grande différence entre Liverpool qui a 225,000 habitants, Manchester qui en a 130,000 et Strasbourg qui n'en a que 50 000, Mulhouse 20,000, Bâle 40,000; comme il y a loin aussi des quarante-huit diligences qui parcouraient, avant le chemin de fer, la ligne de Liverpool à Manchester, aux six qui suffisent aujourd'hui pour le service de Bâle à Strasbourg. Encore une fois, il n'est donc pas probable que, pendant les mois d'hiver surtout, les voyageurs suffisent pour alimenter et faire prospérer le chemin de fer.

Il reste donc à examiner l'importance commerciale que pourra acquérir le chemin de fer de Bâle à Strasbourg, et à voir si elle promet d'être suffisante pour compenser la pénurie de voyageurs que l'on à lieu de redouter.

Pour répondre à cette question, il faut examiner quels produits seront probablement transportés par le chemin de fer.

Les denrées du pays d'abord, celles qui, produites sur un des points de la ligne, doivent être consommées immédiatement sur un autre point; ces denrées devront y affluer, soit pour le marché de Strasbourg, soit pour celui de Mulhouse, de Colmar et de Bâle, car il y aura pour l'agriculteur économie notable de temps, et diminution évidente dans les dépenses que nécessite un voyage. Cependant, ce ne peut être là une source suffisante de revenus pour l'entreprise, et ce n'est sans doute pas sur le seul transport des produits de l'agriculture du pays, sur les échanges qui se font entre les villes et les campagnes de l'Alsace, que l'on peut fonder de grandes espérances de succès. Il n'y aurait pas là, en y joignant la recette que donneront les voyageurs, de quoi payer les frais d'entretien qui seront probablement de 60,000 à 80,000 fr. par lieue, et solder les intérêts du capital de 26 millions qui doit être engagé dans cette entreprise.

Ce n'est donc pas seulement un chemin de communications intérieures, intra-alsaciennes, si je puis ainsi dire, que doit être le chemin de fer de Bâle à Strasbourg, comme sera, par exemple, celui que l'on construit en ce moment de Montpellier à Cette, mais aussi un moyen de relations commerciales extérieures. C'est sur le transit que l'on compte principalement pour activer et alimenter le chemin de fer.

Eh bien, essayons d'évaluer ce qu'on peut en attendre sous ce rapport.

Pour le transit des marchandises qui viennent du Midi, et qui sont expédiées à Strasbourg pour de là être dirigées vers l'Allemagne ou la Hollande, le chemin de fer rencontrera une concurrence assez dangereuse dans le canal du Rhône-au-Rhin. Toutes les marchandises, en effet, n'ont pas besoin d'un transport rapide ; il en est qui peuvent rester longtemps en route, sans en éprouver aucun dommage et sans que ce retard ait le moindre inconvénient pour celui qui les expédie ou pour celui auquel elles sont destinées. Il faut, dès lors, pour que le chemin de fer puisse faire concurrence à une rivière ou à un canal, qu'il opère le transport à moins de frais, ce qui est à peu près impossible. La concurrence des canaux et des rivières est toujours celle que les chemins de fer ont le plus à redouter, parce qu'une grande partie des marchandises suit la voie par eau, quand il y a économie par ce moyen de transport. Ainsi la compagnie du chemin de fer d'Andrezieux à Roanne est en ce moment en liquidation : il y avait disette de tonnage sur ce chemin de fer, et la compagnie s'est trouvée en perte parce qu'elle n'avait pas tenu suffisamment compte de la concurrence de la Loire contre laquelle elle n'a pu lutter.

Or, dans l'état actuel des choses, le prix moyen du transport des marchandises par le canal du Rhône-au-Rhin, y compris tous les frais pour assurances et péage, est de 11 centimes par tonne et par kilomètre. Par le chemin de fer le prix moyen de la tonne par kilomètre est de 13 à 14 centimes. C'est donc une différence assez notable en elle-même ; et elle le devient plus encore quand on remarque que de Strasbourg à Mulhouse, par exemple, la distance est de quatre ou cinq kilomètres moindre par le canal qu'elle ne le sera par le chemin de fer. En outre, si les marchandises venant de Lyon à Mulhouse par le canal devaient y être débarquées pour être transférées sur les wagons du chemin de fer, il y aura une nouvelle source de dépenses pour le camionage, et ce surcroît de frais s'ajoutant à la différence du prix de transport par les deux voies, enlèvera nécessairement au chemin de fer la préférence que lui mériterait la rapidité de la marche.

Il est vrai de dire ensuite que le canal étant sujet à chômer, soit pour les réparations à faire, soit, pendant l'hiver, à cause des gelées, le chemin de fer offrira au commerce des facilités dont celui-ci tirera sans doute profit ; il est vrai aussi que le prix de transport de 13 à 14 centimes par tonne et par kilomètre, est, dans le projet de M. Nicolas Kœchlin, un *maximum* qui ne pourra être dépassé, qui devra au contraire être réduit.

Cependant la réduction que ce prix pourra subir, n'aura guère pour résultat que de le mettre au niveau du prix actuel du canal ; et si le canal veut faire concurrence, il est probable aussi que le prix du transport par eau baissera, à son tour, de 11 centimes à 10 ou à 9 ; réduction qui serait plus facile encore pour le canal, et plus à craindre pour le chemin de fer, si, comme l'ont annoncé les journaux, le gouvernement a l'intention de diminuer ou même d'enlever entièrement les droits d'octroi dont est frappée la navigation du canal.

C'est donc d'ailleurs que du canal du Rhône-au-Rhin, que le chemin de fer doit attendre les marchandises qu'il devra conduire en transit : de l'intérieur de la France peut-être et du Rhin même.

Cette dernière voie d'alimentation du chemin de fer peut lui fournir en effet de riches revenus, si le développement commercial s'y continue dans la progression ascendante qu'il a suivi pendant ces dernières années. En 1831, les bateaux arrivés en amont dans le port de Strasbourg, des villes situées sur le Rhin et le Mein, n'avaient apporté en chargement que 3,113 quintaux métriques. Cette quantité s'est élevée à 38,000 quintaux en 1834, à près de 50,000 en 1835, et on peut l'évaluer aujourd'hui à près de 100,000, si toutefois elle ne dépasse même ce chiffre. Il est vrai qu'une partie de ces marchandises, destinée à Mulhouse et à Bâle, reprendra le chemin du canal, si aucune raison d'économie ne l'attire sur le chemin de fer.

Le chemin de fer de Strasbourg à Bâle offrira donc de nombreux avantages à l'agriculture, au commerce intérieur de l'Alsace, à ses relations avec les pays les plus voisins, aux voyageurs; mais isolé, sans liaison avec d'autres grandes voies de communication, il sera loin d'attirer assez de marchandises pour satisfaire de brillantes espérances. C'est du reste ce qui arrive aujourd'hui sur presque tous les chemins de fer. La commission centrale instituée par le gouvernement, a compulsé les résultats des chemins de fer livrés en ce moment à la circulation, en Angleterre, en Belgique et en France, et elle a trouvé que ces entreprises ne donnent, terme moyen, que 3 pour 100 de produit. Les motifs de ces médiocres résultats sont les frais considérables d'établissement et d'entretien, et l'isolement de ces lignes. Le chemin de fer de Manchester à Liverpool, dont on exagère si souvent la productivité, et dont les actions sont en effet toujours cotées au double de leur valeur nominale, donne un dividende de 8 pour 100. Mais où trouver un second exemple de ce genre? Où trouver deux villes qui aient autant de relations, qui se soient aussi nécessaires l'une à l'autre, dont l'activité commerciale et industrielle soit aussi grande? L'Angleterre exporte annuellement pour 500 millions de francs de cotonnades, et sur ce chiffre c'est Manchester qui en produit la majeure partie. C'est par Liverpool que Manchester fait ses exportations; Liverpool qui voit tous les ans dans ses bassins onze à douze mille bâtiments, ayant ensemble une charge d'environ 1,500,000 tonneaux; Liverpool, où les douanes anglaises perçoivent annuellement près de 100 millions, presqu'autant que la France perçoit sur toutes ses frontières. Est-il étonnant qu'avec ces conditions de prospérité, et malgré les frais énormes, les frais de luxe qu'il a coûtés (30 millions pour douze lieues et quart), le chemin de fer donne des produits satisfaisants? Mais aussi n'est-ce pas un cas exceptionnel?

Certes, nous l'avons déjà dit, on ne peut espérer autant pour le chemin de fer de Strasbourg à Bâle. Mais, puisque cette voie nouvelle dotera notre Alsace de tant d'éléments de prospérité, il faut désirer que cette entreprise réussisse; et ses principales espérances de succès doivent être dans sa jonction avec d'autres grandes voies de communication. Le chemin de fer de Bâle à Strasbourg n'est qu'un premier anneau d'une longue chaîne qui doit relier entre elles toutes les parties de la France, tous les états de l'Europe.

Ce chemin doit être continué d'abord de Strasbourg jusqu'à Mannheim; là il rencontrera le chemin de fer dont le roi de Bavière vient d'ordonner la construction, et qui, descendant le Rhin, rejoindra, par la Prusse rhénane, un chemin de fer de Cologne à Anvers. D'Anvers jusqu'à Bâle, le long de tout le cours du Rhin, il y aurait alors une voie en fer, par laquelle s'opérerait le transport des marchandises destinées à l'Allemagne centrale, à la Suisse et à l'Italie du Nord. Toutes les denrées coloniales qui viennent aujourd'hui de Londres, de Rotterdam, d'Anvers, qui remontent le Rhin, sur les bateaux jusqu'à Cologne, jusqu'à Mannheim, jusqu'à Léopoldshafen et Strasbourg, où elles sont débarquées, pour être chargées ensuite sur des voitures et répandues en Allemagne et en Suisse, suivraient la ligne du chemin de fer. La plus grande partie arriverait en transit à Strasbourg, pour être dirigée de là en Allemagne par Kehl ou en Suisse par Bâle. On peut se faire une idée de l'activité commerciale que cette voie de transport assurerait à notre ville, en songeant que l'on évalue à 30,000 tonnes la quantité de denrées coloniales, sucre, café, etc., qui arrivent annuellement par le Rhin à Mannheim seulement.

De nombreuses études se font en ce moment en Suisse, pour y construire des chemins de fer : celui qui a le plus de chances de succès, doit partir de Bâle, pénétrer au cœur de la Suisse et de là dans la Haute-Italie; c'est par ce chemin, c'est par Strasbourg par conséquent qu'une grande partie de l'Italie tirerait ses provisions de denrées coloniales.

Un autre chemin de fer non moins nécessaire, dont celui de Strasbourg à Bâle formerait encore un embranchement, c'est celui du Hâvre à Strasbourg par Paris. Cette ligne est, on le sait, une de celles qui sont désignées par le gouvernement, c'est une des grandes lignes politiques dont le gouvernement paraît vouloir se réserver l'exécution. Inutile de dire combien cette ligne présentera d'avantages à la France, soit pour la défense du territoire, soit pour ses relations commerciales. Du Hâvre à Strasbourg aucune ligne de douanes ne viendra ralentir la rapidité des communications, tracasser les voyageurs, intercepter les marchandises, comme cela a lieu sur la ligne du Rhin d'Anvers à Strasbourg. Dès lors le Hâvre aura de grandes facilités pour faire concurrence à Londres, à Rotterdam, à Anvers, et disputer à ces villes le privilége d'approvisionner l'Allemagne centrale et méridionale, la Suisse et la Haute-Italie. Strasbourg deviendra encore le centre et l'aboutissant de ce grand mouvement commercial.

Enfin une voie moins longue, mais dont l'exécution est peut-être plus prochaine que celle de Strasbourg à Paris, c'est celle de Saarbrück à Strasbourg. Tous nos établissements industriels de l'Alsace viendraient chercher à Strasbourg, comme dans un immense entrepôt, les houilles de Saarbrück, et ce chemin de fer qui aurait un objet tout spécial, contribuerait puissamment à activer le commerce de notre ville.

Tous ces projets ne sont pas des rêves, des chimères éloignées et dont la réalisation doit se faire attendre éternellement. Il en est dont l'exécution peut être prochaine. Il y a plus : il en est qui sont urgents dans l'intérêt de la France. Déjà, celui de Strasbourg à Bâle sur la rive gauche n'a plus rien à redouter de la concurrence dont le menace le gouvernement badois sur la rive droite; et quoique celui-ci ait convoqué pour le 12 février les chambres badoises, pour délibérer sur cet objet, il n'y a pas lieu à des craintes sérieuses : les capitaux bâlois, engagés dans le projet de M. Nicolas Kœchlin, manqueraient peut-être au chemin rival, et les moyens de succès lui feraient en tous cas défaut, sur cette rive presque déserte ou du moins privée de toute cité importante depuis Bâle jusqu'à Kehl.

Cependant que le gouvernement français ne s'endorme pas dans une folle confiance : il faut pour complément indispensable du chemin de Bâle à Strasbourg, celui de Strasbourg à Mannheim. Ici il y a plus à redouter de la part de la rive droite, car plusieurs cités importantes sont assises sur cette rive du Rhin; Rastadt, Carlsruhe, Mannheim sont là pour appeler la route en fer de leurs désirs et la favoriser de leurs efforts. Il est donc de la plus haute importance que le gouvernement français devance le gouvernement badois, et qu'on mette la main à l'œuvre au chemin de Strasbourg à la Reinschantz, pour empêcher celui de Kehl à Mannheim. C'est une question de promptitude d'exécution, une question de priorité; l'avenir de l'Alsace, l'avenir du commerce français en dépendent.

Si le chemin de fer de Strasbourg à Mannheim se réalise, si plus tard celui de Bâle à Strasbourg se continue encore avec le chemin de fer du Hâvre et avec celui de Saarbrück à Strasbourg, l'exécution du projet de M. Nicolas Kœchlin, est une entreprise d'une vaste utilité, d'une portée incommensurable, aussi profitable aux entrepreneurs qu'au pays. Mais si le gouvernement français allait s'endormir, se préoccuper de discussions oiseuses au lieu de veiller à ces intérêts si vivaces, si le chemin de Strasbourg à Bâle devait rester isolé, sans aboutissant, simple lien de rapprochement entre les villes de l'Alsace, il conserverait sans doute toujours pour notre province une haute importance, mais il n'aurait que de médiocres chances de succès, faute d'aliments, faute de voyageurs et de marchandises à transporter.

La direction à donner au chemin de fer était à la fois une question d'art et d'utilité générale, et les intérêts de la compagnie qui entreprendra l'exécution, sont trop intimement unis sur ce point à ceux du pays pour qu'elle ne choisît pas , après mûr examen, le tracé le plus avantageux.

Trois directions se présentaient entre Strasbourg et Bâle. La première longeant le canal du Rhône-au-Rhin, passe par Marckolsheim et Neuf-Brisach ; la seconde se rapproche des montagnes , de Molsheim , Rosheim, Obernai, Barr , pour rejoindre de là la route de Sélestat à Colmar ; la troisième enfin , intermédiaire aux deux premières , traverse par leur centre les cantons de Geispolsheim, Erstein , Benfeld et Sélestat, pour reprendre à cette ville la direction du chef-lieu du département du Haut-Rhin. Cette dernière est celle que suit la route actuelle de Strasbourg à Colmar.

S'il ne s'était agi , dans la construction du chemin de fer , que de prendre la voie la plus courte entre Strasbourg et Bâle , la direction du canal du Rhône-au-Rhin était la plus naturelle , et présentait de nombreux avantages. Moins coûteuse sous le rapport de l'exécution , parce qu'elle est la moins longue , parce qu'elle eût exigé le moins de travaux de terrassement, parce que les terrains situés entre le canal et le Rhin ont une valeur bien inférieure , cette ligne aurait sans doute été préférée dans ce cas. Mais il ne s'agissait pas seulement de lier par une route en fer Strasbourg et Bâle , il fallait aussi offrir un moyen de communication facile et rapide à la population de l'Alsace , des débouchés à ses produits agricoles et industriels ; et, sous ce rapport essentiel , la direction du canal du Rhône-au-Rhin présentait plus d'inconvénients que d'avantages pour le pays comme pour les entrepreneurs. Toute cette partie de l'Alsace qui avoisine le Rhin , qui est située entre le Rhin et l'Ill , ou du moins entre le Rhin et le canal , est la moins riche , parce que la terre y est moins fertile ; elle est aussi la moins populeuse, car de Strasbourg à Neuf-Brisach , le canal ne traverse guère que le canton de Marckolsheim qui n'a que 18,000 habitants, et de Neuf-Brisach à Mulhouse, comme de Neuf-Brisach à Bâle , c'est à peine si l'on rencontre quelques villages rares et disséminés. Dans cette direction le chemin de fer n'aurait donc présenté qu'un médiocre revenu à la compagnie et un mince avantage à l'Alsace.

La seconde direction, celle de la montagne, vers Molsheim et Barr et de là vers Sélestat, était sans doute plus profitable; mais elle exigeait de très-fortes dépenses pour vaincre toutes les difficultés d'exécution qu'eût offert ce terrain inégal; elles nécessitait des courbes d'un moindre rayon, des pentes plus considérables, de manière qu'il y aurait eu retard dans la marche des convois; elle allongeait la route de 12,000 mètres environ, sans avantage bien immédiat pour les localités que cette voie devait principalement favoriser; car elle ne pouvait pas arriver jusqu'aux villes même qui eussent pu désirer se trouver sur sa ligne. Dambach restait à 3,000 mètres de distance, Rosheim à 3,000, Mutzig à 4000, Barr et Andlau à 5,000.

Il a donc fallu abandonner le projet de cette direction le long des montagnes, et revenir à la ligne presque droite par la plaine, par le centre de la population agricole de Strasbourg sur Sélestat et Colmar. Ici le chemin de fer a sans doute l'inconvénient de traverser d'excellents terrains, et par conséquent de nécessiter plus de dépenses pour indemniser convenablement les propriétaires. Mais cet inconvénient est largement compensé par toutes les sources de prospérité que l'entreprise et le pays y trouvent. De Strasbourg à Sélestat, le chemin de fer sillonne quatre cantons riches et bien peuplés, les cantons de Geispolsheim, d'Erstein, de Benfeld et de Sélestat, dont la population réunie s'élève à 65,000 âmes. Il peut accueillir de nombreux voyageurs et les denrées du pays. De Sélestat il va vers Colmar, de là il longe la montagne pour offrir des débouchés aux vignobles et aux nombreux établissements industriels répandus dans les vallées du Haut-Rhin, et revient sur Mulhouse, le centre de toute l'industrie alsacienne, pour aboutir ensuite directement à Bâle.

Ce dernier tracé est donc le plus avantageux, puisqu'il offre une voie facile et rapide à la population riche, agricole et industrielle, groupée dans les localités qu'il traversera. Il est à regretter sans doute que, dans l'arrondissement de Sélestat surtout, l'agriculture ait méconnu ses véritables intérêts, et se soit opposée si vivement à l'établissement du chemin de fer. Mais, nous le répétons, ses préventions, réellement mal fondées, disparaîtront sans doute dès que l'expérience viendra lui faire apprécier toute l'utilité qu'elle retirera de cette nouvelle voie de transport. Si l'on avait écouté les préjugés de l'agriculture, si l'on avait fait droit à ses doléances, et donné au chemin de fer une autre direction, nul doute qu'elle n'en eût éprouvé plus tard de vifs regrets. N'avons-nous pas dans notre pays même un exemple analogue ? Quand on a tracé la direction du canal du Rhône-au-Rhin, la ville de Colmar a repoussé de toutes ses forces cette voie de circulation commerciale ; elle n'a rien épargné, dit-on, pour l'éloigner d'elle, soit parce que les vignobles du Haut-Rhin craignaient la concurrence des vins du Midi par le canal, soit parce que l'arrondissement de Colmar aussi agricole que celui de Sélestat regardait comme un lourd sacrifice, l'enlèvement de quelques hectares de champs que le canal aurait absorbés. Eh bien ! qu'en est-il résulté ? Le canal a évité Colmar, mais Colmar y a perdu et le regrette aujourd'hui ; car cette ville se trouve pour ainsi dire exclue maintenant du mouvement commercial qui se fait par le canal, et dont elle eût tiré également de larges bénéfices.

La dépense nécessaire pour l'établissement du chemin de fer est beaucoup plus forte que celle qu'a exigée le canal. La dépense totale du canal du Rhône-au-Rhin, pour une longueur de 87 lieues et quart s'était élevée, au 31 décembre 1835, à la somme de 27,334,068 fr., ce qui fait environ 315,000 fr. par lieue. Les lieues du chemin de fer de Strasbourg à Bâle coûteront presqu'autant que les 87 lieues du canal du Rhône-au-Rhin, puisque la dépense totale est évaluée à 26 millions, ce qui fait environ 740,000 fr. par lieue.

Voici, du reste, le détail des dépenses auxquelles donnera lieu l'établissement du chemin de fer :

	Francs.
Acquisition de terrains	3,400,000
Terrassements, y compris les indemnités pour emprunts	6,100,000
Voie en fer, achat et pose des rails, chairs, dés en pierre, traverses en bois du massif de la fondation ; des chevilles et coins, des aiguilles, croisades excentriques. nécessaires pour l'entrée et la sortie des gares . . .	9,350,080
Ouvrages d'art comprenant des ponts, ponteeaux, aqueducs, deux ponts tournants, les passages de niveau des routes et chemins, et les passages au-dessus de routes et chemins.	2,035,000
Dépendances du chemin, comprenant les bâtiments d'exploitation, les plate-formes tournantes, les pompes, grues, réservoirs, loges et maisonnettes de garde, ponts à bascule, barrières, bornes, etc.	950,000

Matériel des transports.

Seize machines locomotives . . . 640,000 fr.		
Cent wagons 100,000	}	830,000
Vingt-six diligences et char-à-banc. 90,000		

Frais d'études, d'administration, direction, conduite et surveillance des travaux	1,100,000
Total.	23,765,080
Somme à valoir	2,234,920
Total général	26,000,000

On voit que les frais de terrassement, même pour la ligne suivie par la plaine, sont très-considérables ; on peut, d'après cela, se faire une idée de l'augmentation qu'ils eussent éprouvée, si l'on avait voulu diriger la route en fer vers les montagnes de Molsheim, Rosheim et Barr.

Parmi les vœux émis par la commission d'enquête, il en est un d'une haute importance pour l'Alsace, et qui concerne la construction du chemin de fer : c'est la demande que le gouvernement accorde aux entrepreneurs la faculté de se servir des troupes pour l'exécution des travaux.

Quelques mots suffiront pour faire comprendre le but et la portée réelle de ce vœu.

Les grands ouvrages que nécessite, sur une longueur de trente-cinq lieues, l'établissement du chemin de fer, ceux qui se rapportent à la construction des ponts, aqueducs, à la pose du massif de la fondation, des dés en pierre et des rails, et surtout ceux qui concernent les terrassements, présenteront de nombreuses ressources de travail à la classe ouvrière. L'évaluation de ces travaux est facile à faire d'après le devis des dépenses, et les terrassements seuls y figurent pour une somme d'environ six millions.

Si Strasbourg, si l'Alsace contenaient dans leur sein une population indigène exubérante, qui attende avec une vive impatience l'ouverture de ces travaux, pour y trouver de l'emploi et du pain, alors sans doute il serait juste, il serait convenable de ne pas enlever à ces malheureux les ressources qui viendraient s'offrir à eux, et il faudrait bénir les circonstances qui leur assureraient quelques bonnes années. Mais il n'en est pas ainsi. La population malheureuse indigène, strasbourgeoise et alsacienne, est loin d'être surabondante; nous avons, il est vrai, sous les yeux le spectacle de nombreuses infortunes, et notre pays n'est pas plus exempt que les autres de cette maladie si cruelle des sociétés modernes que l'on appelle la misère. Cependant, les habitudes d'ordre et d'économie qui sont traditionelles en Alsace, la grande division de la propriété, ce légitime orgueil qui s'attache encore au titre de bourgeois, ce noble sentiment de la dignité de l'homme plus vivace peut-être en Alsace que dans toute autre partie de la France, ont maintenu la population alsacienne proprement dite dans une situation généralement plus aisée que partout ailleurs, et s'il y a aujourd'hui tant de misères parmi elle, ce n'est pas de ses entrailles même que ces misères sont sorties, elles lui sont venues surtout du dehors, et elles se sont implantées sur son sol, parce qu'aucune mesure de prudence sociale n'a été prise pour les empêcher de s'y établir ou pour les en extirper.

C'est un fait bien reconnu qu'à Strasbourg la plupart des pauvres sont étrangers à la ville, et qu'ils y sont venus attirés par la réputation de bienfaisance dont elle jouit et par l'espérance d'y trouver du travail, surtout lors des grands ouvrages d'utilité publique. Quand le travail continue et donne du pain à ces malheureux, ils vivent tant bien que mal du fruit de leurs peines ; mais quand le travail vient à être suspendu ou quand il cesse entièrement, alors ils sont là, attendant que la charité publique les recueille ; frappant à la porte de nos établissements de bienfaisance, pour en obtenir des secours, pour eux et leur famille souvent nombreuse.

Ainsi, une grande partie de la population indigente de notre ville se compose aujourd'hui d'étrangers, d'Allemands surtout, venus de Bade, du Wurtemberg, de la Bavière, de la Suisse, et qu'on a laissés s'accumuler à Strasbourg. Grâce à la funeste facilité de notre législation pour l'établissement des étrangers en France, le mal est pour ainsi dire sans remède direct, et toutes les villes frontières, mais Strasbourg plus que toute autre, sont envahies par une population étrangère.

Je sais bien que la charité chrétienne et la philanthropie philosophique ordonnent de regarder tous les hommes comme des frères, et de secourir le malheur à quelque pays qu'il appartienne. Aussi Dieu me préserve de vouloir disputer à aucun de ces infortunés qui abondent dans notre ville, le pain que leur accorde la charité. Cependant on n'administre pas les sociétés avec des sentiments ; et les lois de l'économie politique qui sont aussi des lois de morale, ne

doivent pas être moins écoutées que les préceptes de la philanthropie. Il faut prendre les sociétés modernes telles qu'elles sont, et ne
jamais perdre le présent de vue, tout en marchant vers l'avenir qu'on
veut hâter de ses vœux. Or, la première loi de toute société, comme
de tout individu, c'est de veiller à sa propre existence, à son propre
bonheur, c'est de prendre les mesures les plus capables de la préserver d'un mal dont elle voit son voisin atteint. C'est ce que comprennent, mieux que nous, les États de l'Allemagne. Quelle est la ville
d'Allemagne qui accueille un étranger dans son sein, s'il ne peut
justifier de ses moyens d'existence? Si nos pauvres allaient envahir
le duché de Bade, émigrer de Strasbourg à Carlsruhe, vous verriez
bientôt la gendarmerie badoise les ramener bien escortés au pont du
Rhin. Ce n'est pas de la charité sans doute, mais c'est une nécessité
d'existence; et le pays qui prendrait la charité pour règle de sa con-
duite et pour base de sa législation, serait bientôt le plus misérable
de tous les pays, il aurait besoin à son tour de recourir à la charité
des autres.

C'est une question trop vaste pour être traitée ici en quelques
mots; j'aurai incessamment l'occasion de l'approfondir ailleurs; cependant, comme je tiens à prouver que mes assertions reposent sur
des faits, je citerai ici quelques chiffres extraits des nombreux docu-
ments que j'ai recueillis sur la bienfaisance publique à Strasbourg.

En faisant le relevé des demandes de secours adressées depuis 1830
jusqu'en 1836, au bureau de bienfaisance de notre ville, j'ai trouvé
que dans ces sept années il y en a 1208 de Strasbourgeois, 903 d'é-
trangers et 290 de personnes dont on n'a pas noté le lieu de nais-
sance. Ces chiffres ne représentent pas des individus, mais souvent des familles de cinq et six personnes, et plus encore. On voit
que les étrangers sont aux Strasbourgeois dans le rapport de 3 à 4.

Le relevé de tous les malades admis dans les hospices civils de
Strasbourg, depuis le 1ᵉʳ janvier 1800, jusqu'au 31 décembre 1836,
présente un total de 80,829 individus. Sur ce nombre il y a 41,329

Strasbourgeois et 39,300 étrangers. Il y a donc là autant d'étrangers que de Strasbourgeois.

Dans le même espace de temps, 4,021 vieillards ont été reçus à
vie à l'hôpital civil. Sur ce nombre, il y a 2,132 Strasbourgeois et
1889 étrangers. C'est encore près de la moitié.

Ces chiffres exacts, auxquels je pourrais en ajouter d'autres encore, ne démontrent-ils pas clairement ce que prouve l'expérience
annuelle des inspecteurs des pauvres, l'expérience journalière de
chaque citoyen, qu'une immense partie de notre population indigente se compose d'étrangers?

Dans cette situation, qu'a-t-on à craindre des travaux du chemin de fer? Que le mal s'aggrave; que de nouveaux flots d'étrangers ne viennent s'amasser en Alsace, attirés par la perspective des
travaux à exécuter, et que la misère publique n'aille par conséquent en augmentant, par les moyens mêmes qui doivent la diminuer.

C'est dans cette vue, c'est pour prévenir ce mal, que la commission d'enquête a émis le vœu de voir l'armée appliquée aux travaux du chemin de fer, non qu'elle ait voulu ainsi priver d'ouvrage
et de pain la population malheureuse de notre pays, mais pour empêcher que des misères étrangères ne viennent encore faire concurrence aux misères nombreuses que nous avons à soulager.

La compagnie qui se formera, sous les auspices de M. Nicolas
Kœchlin, sera composée en grande partie de capitalistes alsaciens.
Ne doit-elle pas songer aux intérêts du pays, même dans l'exécution de ses travaux? Pourquoi n'exigerait-elle pas que tous les
ouvriers qui viendront lui demander de l'ouvrage, justifiassent au
moins d'un séjour d'un an en Alsace? Puis, s'il y avait insuffisance
de demandes de travail, si la population indigente de l'Alsace ne
pouvait fournir assez de bras, pourquoi ne demanderait-elle pas
alors au gouvernement le nombre de soldats nécessaire pour com-
pléter le chiffre des travailleurs, plutôt que d'appeler de nouveau dans

le pays des étrangers, qui, les travaux terminés, retomberaient en majeure partie, à la charge de la ville de Strasbourg?

Si quelques essais faits pour l'application de l'armée aux travaux publics n'ont pas réussi jusqu'ici, c'est parce que les mesures d'exécution ont été mal prises, car d'autres essais de ce genre ont été plus heureux. Le peu de succès des tentatives faites en 1835, dans la Vendée, tient à ce que les soldats ont resté trop peu de temps à l'ouvrage, et n'ont pu par conséquent acquérir l'expérience indispensable, même pour les travaux les plus faciles; mais surtout à ce qu'au lieu de ne prendre que les hommes de bonne volonté, on a conduit au travail les compagnies et les bataillons en bloc; en sorte que les hommes moins robustes ou de mauvaise volonté paralysaient les résultats possibles.

Lors d'un autre essai, fait en 1836, pour le chemin de fer de Saint-Germain, les résultats obtenus ont déjà été plus satisfaisants.

Dans la Loire-Inférieure, les soldats du 4ᶜ régiment de ligne ont terminé une route stratégique, à travers des marais jusqu'alors impraticables, et un monument vient d'être inauguré en l'honneur de ces intrépides travailleurs.

Enfin, récemment dans notre département même, M. Doré, ingénieur des ponts et chaussées, a construit une route de 14,000 mètres, de Barr à Villé, à l'aide d'une compagnie du 16ᵉ de ligne détachée à cet effet, et cette nouvelle route départementale dont l'établissement avait été voté par le conseil-général, ne laisse rien à désirer sous le rapport de l'exécution.

On ne saurait donc méconnaître que l'application des troupes aux travaux publics peut avoir lieu sans grave inconvénient pour l'ordre et la discipline de l'armée, et qu'elle promet au contraire de grands avantages au pays. Dans la circonstance spéciale du chemin de fer de Strasbourg à Bâle, ce mode d'exécution que la commission d'enquête a proposé serait certainement le plus favorable à la classe ouvrière et indigente de l'Alsace, et à la conservation de l'aisance générale.

La commission d'enquête a été amenée à s'occuper incidemment d'un projet de chemin de fer de Bâle à Strasbourg, avec un canal usinier à creuser dans cette direction. Ce projet a été soumis à l'académie des sciences, et son exposé offre quelque chose de si gigantesque que l'imagination a peine à y ajouter foi sérieusement. Mais quand on voit, comme éditeur responsable d'une si immense entreprise, un ingénieur aussi célèbre que M. Fourneyron, quand on sait que M. Cockerill, qui figure au premier rang parmi les industriels de l'Europe, se présente pour la réaliser, on doit à ces deux hommes éminents d'examiner de plus près leur projet, et de ne pas reculer devant la grandeur de leur conception.

En voici un résumé succinct :

La force hydraulique du Rhin est égale, pendant les basses eaux, à environ 500,000 chevaux-vapeur. Cette puissance d'action, si précieuse pour l'industrie, est entièrement perdue. N'y aurait-il pas quelque moyen d'en recueillir une partie et de l'utiliser?

Faire une prise d'eau dans le Rhin à Bâle, établir par Mulhouse, Colmar, Sélestat, jusqu'à Strasbourg un grand canal, par lequel passerait une partie des eaux du Rhin, ménager la pente de l'eau de manière à la répartir en trente chutes, formant ensemble environ 100 mètres de hauteur, combiner avec ce canal usinier un système d'irrigation, pour contribuer à la prospérité de l'agriculture et offrir à l'industrie de nouveaux moyens de développement, voilà comment M. Fourneyron a pensé que le problème pouvait être résolu.

La force hydraulique du canal serait d'environ 40,000 chevaux-vapeur. Or, la dépense d'une machine à vapeur peut être évaluée à 1,200 ou 1,500 fr. par an et par force de cheval. Il y aurait donc pour tous les établissements que l'on créerait le long de ce canal, et qui utiliseraient les chutes d'eau, une économie considérable ; et l'Alsace jouirait d'un moyen de prospérité industrielle vraiment intarissable.

Sur les deux côtés de ce canal se prolongerait un chemin de fer, qui porterait dans la direction de Bâle ou dans celle de Strasbourg les produits des divers établissements créés sur ses bords. Dans les premiers temps, ce chemin serait desservi par des locomotives à vapeur, comme celles qui opèrent le transport sur les autres chemins de fer; mais plus tard, M. Fourneyron espère faire servir la puissance hydraulique du canal à la locomotion des voitures. Des turbines seraient établies de distance en distance, et elles remorqueraient les wagons comme le font aujourd'hui les machines fixes; seulement la rapidité de la course serait prodigieuse, car la puissance des turbines l'est également.

On le voit, tout est nouveau dans ce projet, tout est de création récente, ou plutôt tout est encore à créer; depuis le canal, qui n'a pas de modèle sur la terre, jusqu'au moteur hydraulique appliqué à la circulation sur les chemins de fer. Cependant, quand le génie hasarde une promesse, quelque grande qu'elle soit, quelque difficile à réaliser qu'elle puisse paraître, on doit sans doute faire la part des obstacles qu'il aura à surmonter, mais il ne faut pas lui opposer le mot *impossible* comme une barrière qu'il ne saurait franchir, surtout quand on connaît toute la merveilleuse puissance que M. Fourneyron a déjà su tirer des turbines.

Le canal usinier, si les forces qu'il offrirait étaient utilisées, présenterait à l'Alsace une économie de combustible équivalant à environ 40,000,000 par an. On ne peut nier que l'industrie alsacienne trouverait dès lors un avantage immense dans la concurrence qu'elle soutient contre les industries étrangères. Ce qui donne en effet un grand avantage, dans la lutte industrielle, c'est la qualité des produits, et l'économie du prix de revient; et ce qui augmente surtout le prix de revient, c'est la quantité de combustible nécessaire pour alimenter les machines à vapeur; substituer une force naturelle à une force factice, un cours, une chute d'eau à la vapeur, c'est augmenter d'une manière notable ses chances de bénéfice.

En France, on n'utilise généralement pas les cours d'eau, et nous sommes sous ce rapport bien inférieurs à beaucoup de nations étrangères, à la Prusse, par exemple. Celle-ci possède, par lieue carrée, une force hydraulique d'environ 35 chevaux, tandis que la France n'en a pas même le tiers. Il est des rivières en Prusse, qui, sur une étendue de cinq et six lieues, possèdent de 100 à 200 usines. Le Morbach, par exemple, en présente 107 pendant une lieue et demie. La commune de Remscheid a 194 usines mises en jeu par des moteurs hydrauliques de la force de 1,600 chevaux, et cependant cette commune n'a qu'une lieue carrée de superficie. Le comté de Marck dispose d'une force hydraulique de près de 6,000 chevaux, qui est répartie entre 811 usines.

Les moteurs hydrauliques sont donc d'un grand prix, et il importe de les utiliser, quand ils existent, de les créer quand c'est possible. Aujourd'hui que l'emploi des machines à vapeur devient d'un usage général, et qu'elles trouvent leur application dans presque toutes les sphères de l'activité humaine, la houille est un objet de première consommation. Quelque abondantes que soient les houillères que l'on exploite, quelque riches que soient celles que l'on découvrira encore, le terrain houiller a néanmoins ses bornes, et dans un avenir plus ou moins éloigné, la houille deviendra plus rare et plus chère. L'Europe entière n'était-elle pas couverte de forêts, il y a quelques siècles à peine? et cependant voyez jusqu'à quel point le bois est devenu cher aujourd'hui dans beaucoup de contrées, le bois qui se perpétue; qui repousse par la culture, tandis qu'une houillère épuisée ne peut plus rien rendre. Ainsi, il faudra recourir tôt ou tard aux forces que la nature a mises à notre disposition, et se servir des moteurs hydrauliques qu'elle a multipliés autour de nous. Le pays qui en possédera davantage, ne sera-t-il pas alors réellement favorisé? Et de ce point de vue, l'établissement du canal usinier ne serait-il pas d'une utilité incontestable pour l'Alsace?

L'agriculture en retirerait peut-être de moindres bénéfices que l'industrie; car les eaux du Rhin, employées à l'irrigation des champs et des prairies n'ont pas une grande vertu fertilisante ; elles sont plus chargées de sable et de gravier que d'une vase limoneuse.

Ensuite, la construction du canal en lui-même serait loin d'être rassurante pour le pays. L'étendue de terres qu'il devrait traverser, dans le Bas-Rhin, entre Stotzhéim et Geispolsheim, est assez humide, elle est infiltrée d'eau, et sujette à des inondations. Si le niveau du canal se trouvait au-dessous du niveau du terrain, il y aurait sans doute avantage pour le pays ; car le canal deviendrait un fossé d'assainissement et de desséchement. Mais il n'en est pas ainsi. Pour obtenir la pente nécessaire pour les chutes d'eau à établir, il faudrait, dans presque toute son étendue, construire le canal à l'aide de remblais ; son niveau serait toujours et souvent de beaucoup supérieur au niveau du terrain voisin, et il y aurait ainsi pour la contrée, je ne dis pas précisément danger d'inondation, mais certainement danger d'infiltration ; les eaux s'échapperaient longtemps dans la plaine, à travers les côtés du canal, jusqu'à ce que celui-ci fût entièrement étanche, ce qui n'arrive qu'au bout d'une assez longue suite d'années.

Quant aux moteurs hydrauliques que M. Fourneyron se propose d'établir sur le chemin de fer qui longerait le canal, c'est une idée en germe, et qui n'a pas encore reçu d'application ; en sorte qu'on peut la préjuger, mais non la juger avec entière connaissance de cause.

On sait que les turbines inventées par M. Fourneyron sont des roues dont l'axe est horizontal, tandis que celui des roues ordinaires est vertical. Les dispositions de ces roues sont telles que l'eau agit sur elles par sa seule pression, et en poussant toutes les aubes à la fois, de manière que la roue rend 60 à 80 pour 100 de la force théorique, tandis qu'une roue ordinaire rend 15 à 20 pour 100. A l'aide d'un arbre adapté à la couronne, et qui est entraîné dans le mouvement de cette dernière, la turbine transmet sa force aux machines préparées à la recevoir, cylindres, broches, etc.

Un grand nombre de ces turbines ont déjà été placées par M. Fourneyron, et toutes ont produit les résultats les plus satisfaisants; l'habile ingénieur a réalisé ses promesses au delà de toute attente. Il en existe un certain nombre en Alsace : chez MM. Roman, à Wesserling; MM. Dietrich, à Niederbronn; à la nouvelle filature que MM. Seillière et Heywood viennent d'établir à Muhlbach, près du Ban-de-la-Roche. J'ai eu l'occasion de voir il y a peu de temps cette dernière, et en regardant cette petite roue qui pèse quelques kilogrammes et n'a qu'un mètre environ de diamètre, on ne peut comprendre comment elle peut suffire, elle seule, pour mettre en mouvement, toutes les broches disposées dans un bâtiment qui a plusieurs centaines de pied de longueur.

La turbine que M. Fourneyron a établie à Saint-Blaise, dans la Forêt-Noire, chez M. d'Eichthal, et qui n'a qu'un poids de 35 livres, fait *deux mille trois cents tours* par minute, et remplace une machine à vapeur d'une force de 42 chevaux. Elle fonctionne depuis plusieurs mois sans accident.

Eh bien! c'est à l'aide de roues semblables, de turbines, dont du reste la force peut être portée à 400, 600, et jusqu'à 1000 chevaux, que M. Fourneyron voudrait faire mouvoir les wagons sur le chemin de fer; des cables d'une demi-lieue de longueur, les conduiraient d'une turbine à l'autre, le long du canal usinier. L'idée est grande, elle est gigantesque, sans doute : est-elle réalisable? son exécution est-elle possible? M. Fourneyron lui-même ne l'a pas encore tentée; elle n'est donc qu'un germe, et la critique est dès lors impossible.

La commission d'enquête n'a pu que prendre connaissance de ce projet de M. Fourneyron dont elle n'était pas régulièrement saisie; elle n'a pu que rendre hommage à la grandeur de cette conception, et au génie de son auteur; mais, dans la situation où se trouve l'affaire du chemin de fer de Strasbourg à Bâle, alors que c'est une question de priorité entre la rive droite et la rive gauche, la commission a dû nécessairement ne pas s'arrêter longtemps à un projet qui, pour arriver à maturité, exigerait encore de longues études, de longs essais, de longs travaux préparatoires ; et elle s'est attachée surtout à recommander vivement à la sollicitude du gouvernement le projet de M. Nicolas Kœchlin, pour l'exécution duquel tout est prêt, et qui n'attend plus que la sanction législative pour mettre la main à l'œuvre, et pour paralyser ainsi toute tentative rivale sur la rive droite du Rhin.

CHARLES BOERSCH.

PROCÈS-VERBAL

DES

TRAVAUX DE LA COMMISSION D'ENQUÊTE

POUR

LE CHEMIN DE FER DE STRASBOURG A BALE.

L'an 1837 , le 21 décembre , à onze heures du matin , à l'hôtel de la Préfecture du département du Bas-Rhin , à Strasbourg , se sont réunis MM. les membres de la commission d'enquête instituée par arrêté de M. le préfet dudit département du 13 novembre de l'année courante , en exécution des art. 4 et 10 de l'ordonnance du roi du 18 février 1834 , pour prendre connaissance des propositions faites pour l'établissement d'un chemin de fer de Strasbourg à Bâle , ainsi que des observations consignées dans les registres d'enquête qui ont été ouverts à ce sujet.

Furent présents : MM. Fréd. de Turckheim , membre du conseil général du département , président ; OEsinger , ancien député ; Laquiante , ancien capitaine du génie ; le baron de Bulach , maire à Osthausen ; Charles Hecht , négociant ; Barthelmé , maire à Sand ;

Schneegans, membre du conseil-général du département; Heim, membre du conseil d'arrondissement de Strasbourg; Bœrsch, membre du conseil municipal de Strasbourg; Fæss, négociant; Alexandre Klose, négociant.

La commission ainsi constituée, procède à la nomination de son secrétaire; elle nomme à ces fonctions M. Schneegans, l'un de ses membres.

M. P. D. Bazaine, ingénieur, ayant demandé à être admis à la séance, au nom de MM. Nicolas Kœchlin et frères, pour donner, le cas échéant, les renseignements que la commission pourrait désirer obtenir encore, elle décide que M. Bazaine pourra assister au commencement de la séance, sauf à se retirer lorsqu'il s'agira de voter sur les questions mises en délibération.

Il est ensuite donné lecture des pièces suivantes :

1° Arrêté de M. le préfet du 13 novembre 1817.

2° Avant-projet d'un chemin de fer de Strasbourg à Mulhouse et Bâle, faisant connaître le tracé général, les dispositions principales des ouvrages les plus importants et l'appréciation sommaire des dépenses.

3° Mémoire descriptif, indiquant le but et les avantages de l'entreprise, le tarif des droits à établir et des conclusions.

Ces deux pièces sont signées : Nicolas Kœchlin et frères.

4° Registre d'enquête ouvert à la préfecture du Bas-Rhin, et contenant :

1) Des observations faites sur le projet de MM. Nicolas Kœchlin et frères, par MM. Fourneyron et Émile Kœchlin, tant en leur nom qu'en celui de M. John Cockerill, manufacturier à Liége;

2) Les observations de MM. les maires des communes de Fegersheim, Geispolsheim, Ichtratzheim et Lipsheim.

5° Lettre à M. le préfet, par MM. Fourneyron et Émile Kœchlin, de Paris, 18 décembre courant.

Après cette lecture, M. le président ouvre la discussion, en disant que , dans son opinion , la commission ne doit pas commencer ses travaux, sans avoir payé un juste tribut d'éloges à la pensée patriotique qui conçut le projet de doter l'Alsace de ce nouvel élément de richesses par le travail et de prospérité par les moyens de communication. La commission pensera sans doute , continue M. le président, que le transport rapide , facile , économique des denrées du pays, dont les prix se règlent assez généralement en raison des distances parcourues, depuis la frontière bavaroise jusqu'à celle de la Suisse , sera un nouvel élément de prospérité pour l'agriculture dans les deux départements; que , notamment la culture des plantes légumineuses, si avantageuse pour l'amendement du sol , lorsqu'elle alterne avec les céréales , prendra un notable développement par des communications nouvelles qui rapprocheront les distances , et qu'il en sera de même de la culture des arbres fruitiers, par la facilité d'en envoyer au loin les produits dans un meilleur état de conservation; que si , momentanément dès intérêts favorisés par l'état actuel des choses venaient à souffrir par la création d'un chemin de fer, ce n'est pas plus un motif de réprobation contre ce chemin , que des perturbations analogues ne l'ont été contre des creusements de canaux et autres grandes améliorations dans les moyens de communication. D'ailleurs ces torts passagers sont largement compensés par tous les avantages résultant d'une voie nouvelle si féconde en bénéfices pour un grand nombre d'industries. Ce chemin de fer appellera sur la rive gauche du Rhin et cette quantité prodigieuse de voyageurs qui circulent entre Rotterdam et la Suisse et la plus forte partie de ce *transit* pour l'Allemagne méridionale et la Suisse , qui enrichit nos rivaux de la rive opposée, depuis nos premières fautes en législation commerciale; et si, plus tard, cette importante communication était complétée par un chemin de fer de Strasbourg jusqu'à la Rheinschantz', près Mannheim, et liée aux lignes que la Belgique établit parallèlement au Rhin, ce serait pour l'Alsace la reprise définitive de ses anciens et naturels avantages commerciaux.

Ces avantages, que M. le président démontre n'être nullement
en opposition avec les intérêts de nos ports de mer, résulteront
surtout encore de la liaison du chemin de fer d'Alsace avec
celui du Hâvre à Paris et de Paris à Strasbourg, avec cette immense artère du commerce européen dont le gouvernement, supérieur à toute étroite vue de localité, propose l'établissement, et qui
se prolongerait sur la rive droite du Rhin jusqu'à Ulm. Un chemin
de fer de Paris à Marseille, par Lyon, avec embranchement de
cette dernière ville sur Mulhouse, compléterait le système des chemins de fer de France, porterait au plus haut degré le mouvement
commercial et amènerait, notamment pour Mulhouse, tous les
avantages auxquels cette intéressante cité peut justement prétendre
par sa position et son industrie.

M. le président insiste sur la convenance et la nécessité de faire
aboutir le chemin de fer de Paris à Strasbourg, et non à Mulhouse,
comme le porte le projet de MM. Kœchlin, et M. Bazaine déclare
que ce n'est que par une erreur de copiste que le manuscrit porte
Mulhouse, que cette erreur est réparée dans les exemplaires im-
primés dudit projet, et que l'opinion de MM. Nicolas Kœchlin et
frères est sur ce point parfaitement d'accord avec celle émise par
M. le président.

Aux considérations qui viennent d'être rapidement analysées,
M. de Turckheim en ajoute d'autres, qui s'appliquent plus parti-
culièrement au projet de MM. Cockeril, Fourneyron et Émile
Kœchlin, consigné au registre d'enquête, et qui pourront trouver
leur place dans la discussion spéciale.

La discussion s'établit immédiatement sur la question générale
d'opportunité et d'utilité d'un chemin de fer entre Strasbourg et
Bâle, et dans le cours de cette discussion, plusieurs questions sont
adressées à M. l'ingénieur, présent à cette partie de la séance.
C'est ainsi que M. Bazaine est appelé à expliquer pourquoi les auteurs du projet ont donné la préférence à la direction par la partie

de la plaine d'Alsace qui se rapproche des Vosges, sur l'autre partie, comprise entre la rivière d'Ill et le Rhin, laquelle présenterait une ligne plus droite et plus facile. M. Bazaine répond que l'établissement d'un chemin de fer demandant une dépense très-considérable, il faut songer à lui faire parcourir un pays qui, par sa population, son mouvement commercial et ses besoins, offre l'espoir d'un revenu suffisant à la prospérité de l'entreprise; que, d'ailleurs, il ne s'agit pas seulement d'établir une communication entre deux villes, mais d'offrir encore tous les avantages de cette communication et des nouveaux débouchés qu'elle établit, à toutes les populations existant entre les deux points extrêmes; que choisir la ligne la plus droite entre Strasbourg et Bâle, ce serait bien servir les relations directes entre ces deux villes, mais en parcourant un pays désert et peu productif, dont les habitants n'en retireraient aucune utilité; tandis qu'en passant par la zône comprise entre l'Ill et les montagnes, c'est-à-dire, par la partie la plus fertile, la plus riche et la plus peuplée de cette partie de l'Alsace, c'est appeler à en profiter, non-seulement les nombreuses villes et les gros bourgs situés le long de la ligne adoptée, mais encore les populations des vallées qui s'ouvrent sur cette partie de la plaine, et qui renferment tant et de si importants établissements industriels.

Quant aux observations inscrites au registre d'enquête, par les maires de Geispolsheim et autres communes, M. Bazaine dit qu'il est vrai que le projet ne prévoit que le passage des chemins proprement dits, servant de communication entre différents points du pays, et non des simples chemins de culture et de défruitement, mais que ces chemins ne sont que d'une importance très-secondaire; que beaucoup d'entre eux n'existent même que pendant le temps des grands travaux agricoles et disparaissent pour le reste de l'année; que, dans tous les cas, ces chemins devront être pris en considération, ainsi qu'il est d'usage et de droit dans tous les cahiers de charges des concessions de chemins de fer; que la compagnie fera placer des barrières, ainsi que le personnel nécessaire à leur service, partout où les autorités municipales le requerront; qu'il ne pourra résulter de cette mesure aucune gêne, ni aucun retard tant soit peu notables dans les travaux ruraux, le passage des voitures à vapeur étant si prompt, qu'à peine il en résulte une fermeture des barrières pendant quelques minutes seulement.

Après une discussion prolongée, à laquelle tous les membres présents prennent part, et qui se porte successivement sur tous les points de cette importante matière, M. le président met aux voix la question suivante :

Y a-t-il avantage et intérêt bien constants pour l'industrie, le commerce et l'agriculture, dans l'établissement d'un chemin de fer de Strasbourg à Mulhouse et à Bâle ?

Cette question est répondue affirmativement par huit voix contre trois. Les membres qui ne se sont point prononcés dans le sens de l'affirmative déclarent néanmoins qu'ils se joindraient à la majorité, s'ils avaient la certitude que, par l'établissement de la ligne en question, l'Alsace serait délivrée du danger de voir s'établir un chemin de fer de Mannheim à Bâle, sur la rive droite du Rhin, et de perdre ainsi tout ou partie des avantages commerciaux qui doivent résulter de la ligne française, et que surtout ils voteraient avec la majorité pour le cas où une grande ligne de chemin de fer de Strasbourg à Paris et au Hâvre viendrait se lier à celle de Strasbourg à Bâle, et donner ainsi à cette dernière toute l'importance et l'utilité qui lui conviennent.

L'heure étant avancée, la commission s'ajourne à après-demain, 23, à dix heures du matin.

Et cejourd'hui, 23 décembre, à dix heures du matin, furent présents les membres susdénommés, plus M. Louis-Frédéric Ehrmann, négociant à Strasbourg, la commission se trouvant ainsi au grand complet.

Le secrétaire donne lecture du procès-verbal ci-dessus de la première séance. La rédaction en est approuvée. Mais ne voulant pas se lier avant qu'elle ait examiné toutes les pièces de l'instruction, et attendu que le cahier des observations de l'arrondissement de Sélestat n'a pas encore été mis sur le bureau, la commission décide que le vote ci-dessus n'est pas, dès à présent, à regarder comme définitif.

M. le président rouvre la discussion, en rappelant que MM. Émile Kœchlin et Fourneyron ont fait connaître à la commission qu'ils sont, comme MM. Nicolas Kœchlin et frères, auteurs d'un projet de chemin de Strasbourg à Bâle par Mulhouse, et que la décision de la commission, favorable ou défavorable à l'objet sur lequel elle a à délibérer, doit être commune aux deux demandes, en ce qui touche la question du chemin de fer. Indépendamment de ce dernier, MM. Émile Kœchlin, Fourneyron et John Cockerill proposent de doter l'industrie alsacienne d'une force hydraulique considérable, de porter cette force précisément là où des établissements industriels existent ou pourraient encore se former, et de fournir à l'agriculture une large part d'intérêt dans cette entreprise, en lui procurant un immense moyen d'irrigation propre à fertiliser des parties considérables de terrains qui sont aujourd'hui presque sans valeur.

Après quelques développements, dans lesquels M. le président soulève la question très-douteuse, suivant lui, de savoir si les eaux du Rhin employées à l'irrigation seraient fertilisantes, il dit que ce projet implique encore d'autres questions vitales, relatives au niveau des eaux, à la perméabilité des digues, à l'écoulement des eaux d'irrigation, à l'expropriation, sur trente-cinq lieues de longueur, d'un terrain assez large pour y établir à la fois un chemin de fer et un canal, qui demandent à être profondément étudiées, et pour lesquelles aucune des formalités préalables à l'enquête n'est encore remplie.

Après en avoir discuté, la commission reconnaît qu'elle n'est pas encore régulièrement saisie de l'examen de cette importante question ; elle se borne donc à appeler l'attention de l'administration sur l'immense portée de ce projet, sur les nombreuses et graves questions qu'il fait naître, non-seulement dans l'intérêt de l'industrie, mais encore dans celui de l'agriculture et de la sûreté des terres dans l'intérieur desquelles le canal viendrait à passer.

Appréciant, du reste, l'avantage résultant pour la sûreté des voyageurs et pour un service plus régulier et plus prompt de l'établissement d'une double voie, qui est portée dans le projet de MM. Émile Kœchlin et consorts, comme construction première et simultanée, tandis qu'elle ne figure, dans celui de MM. Nicolas Kœchlin et frères, que comme une éventualité d'une réalisation plus que probable, il est vrai, la commission émet le vœu que, dans tous les cas, l'ouverture d'une seconde voie suive, dans un court délai, celui de la première.

Elle émet également le vœu que l'autorité prenne les mesures convenables pour que les ouvrages, constructions, mouvements de terrains et autres travaux à exécuter deviennent le moins possible dommageables aux propriétés riveraines et voisines ; que notamment ces propriétés soient garanties d'un morcellement préjudiciable à leur valeur, et qu'elles ne souffrent pas des travaux de terrassement et des transports de matériaux.

La commission, frappée de l'espèce de monopole qui doit résulter d'une concession à quatre-vingt-dix-neuf années, et pour en atténuer les effets fâcheux pour les temps à venir, demande la stipulation d'une révision périodique des tarifs, et de leur réduction, lorsque les bénéfices des actionnaires dépasseront la limite qui devra être fixée.

Enfin, un autre inconvénient préoccupe vivement l'esprit de la commission : c'est l'affluence des journaliers et ouvriers que peut, que doit même amener dans la province l'exécution d'aussi grands travaux et la nécessité de les pousser avec beaucoup d'activité, à grand renfort de bras. L'expérience prouve, en effet, que, partout où il est entrepris, soit de grands établissements industriels, soit des travaux publics considérables et d'une durée de plusieurs années, il se forme une population factice, laquelle, sans calculer les chances d'insuccès de ces établissements, sans prévoir la cessation de ces travaux, se fixe, forme des familles, et, s'augmentant dans une rapide progression, devient pour le pays un terrible fléau, quand le travail qui doit la faire vivre vient à manquer. Ce danger est plus grand encore en Alsace, à raison de la position de cette province, limitrophe de peuples dont la communauté de langage y attire une foule d'étrangers, qui ne pénètrent pas aussi facilement dans l'intérieur de la France. La commission croit donc de son devoir d'indiquer comme meilleur moyen d'obvier à des conséquences aussi déplorables des travaux du chemin de fer, l'emploi en plus grand nombre possible des militaires, mais comme travailleurs libres et volontaires. Elle insiste d'autant plus sur ce point, que l'expérience récemment faite, dans l'arrondissement de Sélestat, sur la route de Barr à Villé, a mis en évidence tous les avantages de ce système. La commission appelle sur cette matière toute la sollicitude de l'administration, comme présentant un intérêt moral de la plus haute importance.

La commission s'ajourne au 28 du courant, dix heures du matin.

Et lesdits jour et heure, tous les membres se trouvant présents, à l'exception de M. Barthelmé, il est donné lecture du procès-verbal ci-dessus, lequel est adopté.

La commission reçoit communication des observations retenues au registre d'enquête ouvert à la sous-préfecture de l'arrondissement de Sélestat, et dont une lettre adressée à la commission elle-même, par un certain nombre de cultivateurs de la commune d'Erstein, en date du 27 décembre courant, et qui est la copie littérale des observations consignées audit registre d'enquête, ces observations faites par des cultivateurs des communes de Sermersheim, Hüttenheim, Kogenheim, Ebersheim et Ebersmünster, peuvent se résumer dans les propositions suivantes :

1° Les chemins de fer en général ne sont utiles qu'au commerce, à l'industrie et aux voyageurs, mais nullement à l'agriculture ; ils lui sont plutôt nuisibles.

2° Les intérêts de la première catégorie sont depuis longtemps et dans toutes les circonstances protégés et favorisés ; la propriété et l'agriculture sont oubliées et sacrifiées.

3° Le chemin de l'établissement duquel il s'agit actuellement ferait tomber les postes, relais et petites messageries ; le roulage déjà diminué par le canal, en souffrirait encore davantage ; les prairies, une des principales richesses du pays, perdraient de valeurs par la dépréciation des fourrages.

4° Le grand morcellement de la propriété en Alsace augmente encore le prix du sacrifice demandé à l'agriculture par l'abandon du terrain envahi par le chemin de fer.

5° Ce chemin est superflu ; les routes actuelles, le canal, l'Ill, le Rhin, fournissent des voies de communications suffisantes.

6° Si cependant ce chemin devait être adopté, les chemins vicinaux et d'exploitations devront être garantis et rester libres, l'indemnité pour les terrains expropriés devra comprendre non-seulement le terrain envahi, mais aussi les parcelles latérales et qui ne seraient pas au moins de dix ares.

La discussion est immédiatement ouverte ; la plupart des membres prennent successivement la parole ; les uns s'attachent à prouver que, sous le rapport de l'agriculture, qui est la principale source de richesse du département, le chemin de fer ne demeurera pas sans résultats fâcheux : la propriété est morcelée à l'infini dans ces contrées ; ce morcellement sera encore augmenté par la nouvelle ligne de communication; un grand nombre de chevaux resteront sans emploi; les fourrages baisseront de prix, ce qui entraînera la dépréciation des immeubles en nature de prairie; partout l'élévation des bestiaux décroîtra au grand détriment du pays , la perte matérielle en surface de terrain cultivé ne saurait être réparée par la mise en culture des communaux encore existants; ces terres étant généralement de mauvaise qualité, sujettes à l'inondation et ne pouvant servir que de pâturage; l'agriculture ne gagnera pas par un nouveau moyen de communication; ses denrées iront toujours sur les marchés où elles se débitent maintenant, et elles prendront d'autant moins la voie nouvelle , que pour y arriver il faudrait également les transporter sur essieu; une foule de professions actuellement exercées avec succès dans nos campagnes, telles que la charronnerie, la maréchallerie, en seront ou ruinées ou singulièrement souffrantes; en définitive le chemin de fer ne sera utile qu'aux grandes villes, telles que Strasbourg, Colmar et Mulhouse et aux endroits où il sera établi des stations; mais toutes les autres localités, non-seulement n'y gagneront rien, mais seront encore déshéritées d'une partie des sources de leurs aisances actuelles.

D'autres membres de la commission disent que l'agriculture ne peut que se trouver favorisée par une nouvelle voie de communication , qui facilite les transports, et rapproche les distances; que les denrées chercheront les marchés que par ce moyen elles pourront atteindre, et dont l'éloignement les exclut actuellement; elles gagneront en bénéfice toute la différence des frais de transport qui seront considérablement diminués; que généralement de nouveaux débouchés, des rapports nouveaux profitent en définitive à l'agriculture; qu'on peut se convaincre par la grande valeur actuelle des terres dans les communes rapprochées des grands centres de population, combien cette proximité est un élément de richesse pour ces communes. Cet avantage sera donc étendu à beaucoup d'endroits qui n'en jouissent pas encore, alors que six lieues de chemin n'équivaudront plus qu'à une lieue actuelle; que loin de recevoir une atteinte nuisible, les professions dont on parle seront plus occupées qu'elles ne le sont actuellement; que cela est si vrai que certaines localités qui ont repoussé le canal il y a trente ans, regrettent aujourd'hui de n'en être pas voisines, et que celles où il passe s'en trouvent bien; que le sacrifice en terrain exigé pour le chemin de fer n'est pas aussi considérable qu'on le dit; que notamment, pour l'arrondissement de Sélestat, il ne sera que de soixante hectares environ; que cette perte peut se compenser par la mise en valeur des terrains vagues existant malheureusement encore dans un grand nombre de banlieues; que leur amélioration est très-possible et sera un événement heureux pour le département; que ce sacrifice paraîtra du reste beaucoup moins douloureux quand les propriétaires expropriés auront reçu et la valeur réelle et la valeur de convenance de leurs terrains; que si les fourrages seront moins nécessaires, leur produit sera remplacé par d'autres cultures, par des denrées marchandes auxquelles le chemin de fer offrira de nouveaux débouchés; que si quelques industries, quelques intérêts devaient souffrir de ce changement, le mal ne sera que passager; que l'équilibre se rétablira; que ce n'est point ici la substitution prompte et imprévue d'une nouvelle découverte à un ancien procédé, qui peut rendre inutile du jour au lendemain un certain nombre de travailleurs, ainsi que cela s'est vu dans certaines industries où des moyens mécaniques ont subitement remplacé le travail de l'homme; que pendant six ans de travaux les intérêts et les industries auront le temps de se préparer au changement et de répondre aux besoins nouveaux que l'ouverture du chemin de fer entraînera.

A ces avantages il faut joindre ceux qui résulteront pour le commerce de l'établissement de ce chemin, et surtout aux autres grandes lignes dont il a été parlé dans la première séance; que ces avantages ne se concentreront pas dans quelques mains, dans quelques localités ; qu'ils se distribueront sur le pays ; tout refleurirait d'une manière sensible dans nos campagnes.

Après une longue discusion, la question étant de nouveau mise aux voix, elle est résolue dans le sens de la délibération du 21, et la commission déclare que ladite délibération, ainsi qu'elle est consignée au procès-verbal dudit jour, est définitivement adoptée.

Du reste, la commission se joint à l'observation subsidiaire des réclamants de l'arrondissement de Sélestat ; elle décide avec eux que les chemins de toute espèce soient garantis ; que les moyens de sûreté soient multipliés, et qu'il soit établi des barrières en plus grand nombre possible. Quant aux parcelles détachées au-dessous de dix ares, l'art. 50, loi du 7 juillet 1833, ayant réglé ce cas, cette réclamation ne donne lieu à aucune délibération. Mais la commission émet le vœu que, dans la fixation des indemnités, on prenne en considération le dommage résultant aux champs qui aboutissent aux chemins de fer dans le sens de leur longueur. Les propriétaires de ces champs étant obligés de laisser sur les têtes de leurs pièces un arpent libre, comme chemin d'exploitation et pour le tour de la charrue, éprouveront une moins value qui devra leur être bonifiée.

La commission passe ensuite à la discussion du tracé du chemin de fer et de sa direction, soit dans une ligne rapprochée de celle du canal du Rhône-au-Rhin, depuis Strasbourg jusqu'à Marckolsheim, et se dirigeant de là sur Sélestat, soit dans la ligne proposée par MM. Nicolas Kœchlin et frères, soit dans celle adoptée par MM. Fourneyron et consorts.

En faveur de la première on allègue qu'elle serait plus courte, qu'elle absorberait des terres d'une moindre valeur, et qu'elle passerait par un pays plus facile, parfaitement nivelé, que la nouvelle construction pourrait s'appuyer sur la digue de l'un des côtés du canal, ce qui diminuerait la quantité du remblai, qu'une économie dans l'achat de terrain et dans les travaux de terrassement en produirait une dans le tarif des frais de transport.

En faveur de la ligne proposée par le projet en discussion, on reproduit les motifs donnés par l'ingénieur Bazaine, dans la séance du 21; l'on ajoute que, dans une prévision de dépenses de vingt-six millions, l'économie dont on parle serait peu sensible, et n'en déterminerait aucune dans les tarifs, puisqu'au moindre rapport de l'entreprise, une moindre quantité de transports compenserait l'économie obtenue sur les acquisitions du sol; que, du reste, il existe une puissante raison dans l'intérêt de la dépense du territoire, pour reculer la ligne, ainsi que cela a été démontré dans l'avis de M. le colonel du génie de la ville.

Pour ce qui est de la réclamation des maires de Geispolsheim et autres communes, demandant à faire passer le nouveau chemin à la gauche de la Scheer, elle est combattue par plusieurs membres comme n'étant faite que dans un intérêt de localité peu relevant. Cette modification n'apporterait aucune amélioration au tracé de MM. Nicolas Kœchlin et frères, et pourrait rencontrer des difficultés de terrain pour lesquelles il n'existe aucune étude. Mis aux voix, cet amendement est rejeté par dix voix contre une.

Plusieurs membres croient trouver plus d'avantage au tracé de MM. Fourneyron et Émile Kœchlin. Cette ligne pénètre plus dans l'intérieur du pays; elle rendrait donc une plus grande portion de la population participante aux avantages du chemin; et en se rapprochant des communes situées le long et dans les vallées des Vosges, elle donnerait un débouché tant aux produits de leur sol qu'à ceux de leur industrie.

On répond à ces observations que le tracé Nicolas Kœchlin tenant le milieu du pays, sert plus efficacement encore ses différentes zones, et devient accessible à la fois aux communes de la plaine et à celles de la montagne.

Les différentes directions étant ensuite mises aux voix, huit membres se prononcent pour le tracé de MM. Nicolas Kœchlin , et trois pour celui de MM. Fourneyron et consorts.

La série des questions sur lesquelles la commission avait à donner son avis, se trouvant ainsi vidée par les votes sus-exprimés, elle termine ses travaux en émettant encore les vœux suivants :

Le gouvernement badois vient de convoquer extraordinairement les chambres législatives du grand-duché, pour leur soumettre un projet de fer de Mannheim à Bâle. La question de priorité devient dès lors vitale dans cette affaire ; le chemin de fer serait acquis à celle des deux communes qui mettra la première la main à l'exécution ; il deviendra impossible pour celle qui se trouvera en retard. La commission insiste donc de toutes ses forces pour que les formalités encore à remplir soient pressées avec la plus grande célérité , et pour que les travaux soient commencés dans le plus bref délai possible.

Elle insiste de nouveau sur l'adoption d'un système à deux voies , parce que ce n'est qu'à ce moyen que l'entreprise peut répondre aux exigences et aux besoins qu'elle doit satisfaire sous le rapport de la célérité , de la fréquence des départs et de la sûreté du public.

Quant à la réclamation de la ville de Cernay , la commission s'en rapporte à ce qui a été exprimé dans le procès-verbal de la commission d'enquête du Haut-Rhin.

Et avant de signer , la commission croit de son devoir d'appeler encore l'attention du gouvernement sur un point qui présente un des éléments les plus essentiels de la réussite de l'entreprise , c'est la liaison du chemin de fer alsacien à un système d'autres lignes de Strasbourg à Mannheim , de Strasbourg à Saarbruck , de la même ville à Paris et au Hâvre. La commission est convaincue que le chemin de fer sur lequel elle a discuté, ne peut et ne doit être qu'un jalon posé pour un système complet dont l'exécution entière peut seule réaliser les bénéfices que la France doit attendre de l'introduction dans le pays de ce nouveau mode de communication.

Ainsi fait et délibéré en trois séances, et ont les membres de la commission signé aux présentes.

OEsinger, Laquiante, L. F. Ehrmann, le baron de Bulach, Charles Hecht, Barthelmé, Heim, Charles Bœrsch, Fæss, Alexandre Klose, F. de Turckheim, président, Schneegans, secrétaire.

www.ingramcontent.com/pod-product-compliance
Ingram Content Group UK Ltd.
Pitfield, Milton Keynes, MK11 3LW, UK
UKHW022355070726
13614UKWH00003B/1193